THIS BOOK BELONGS TO:

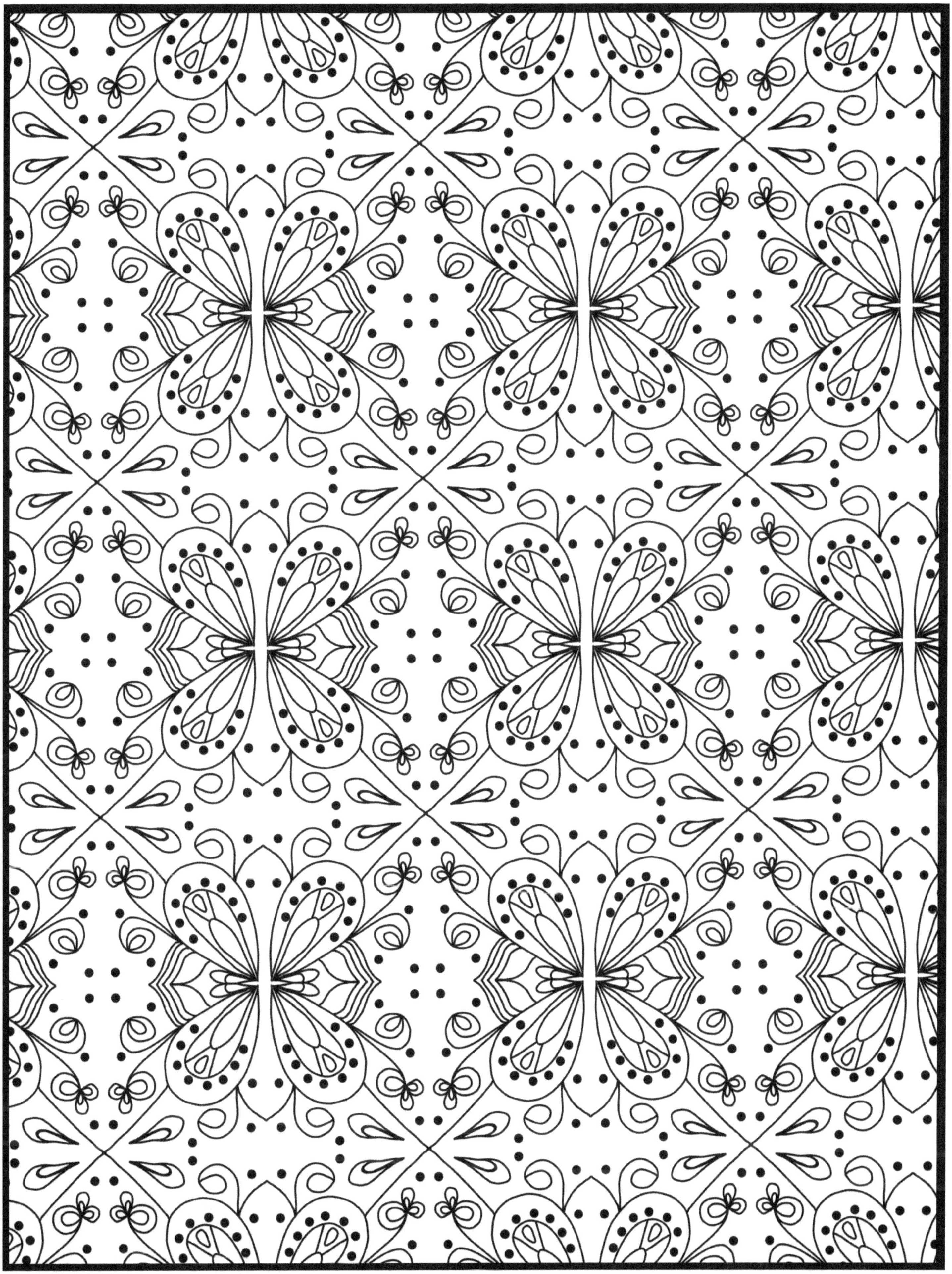

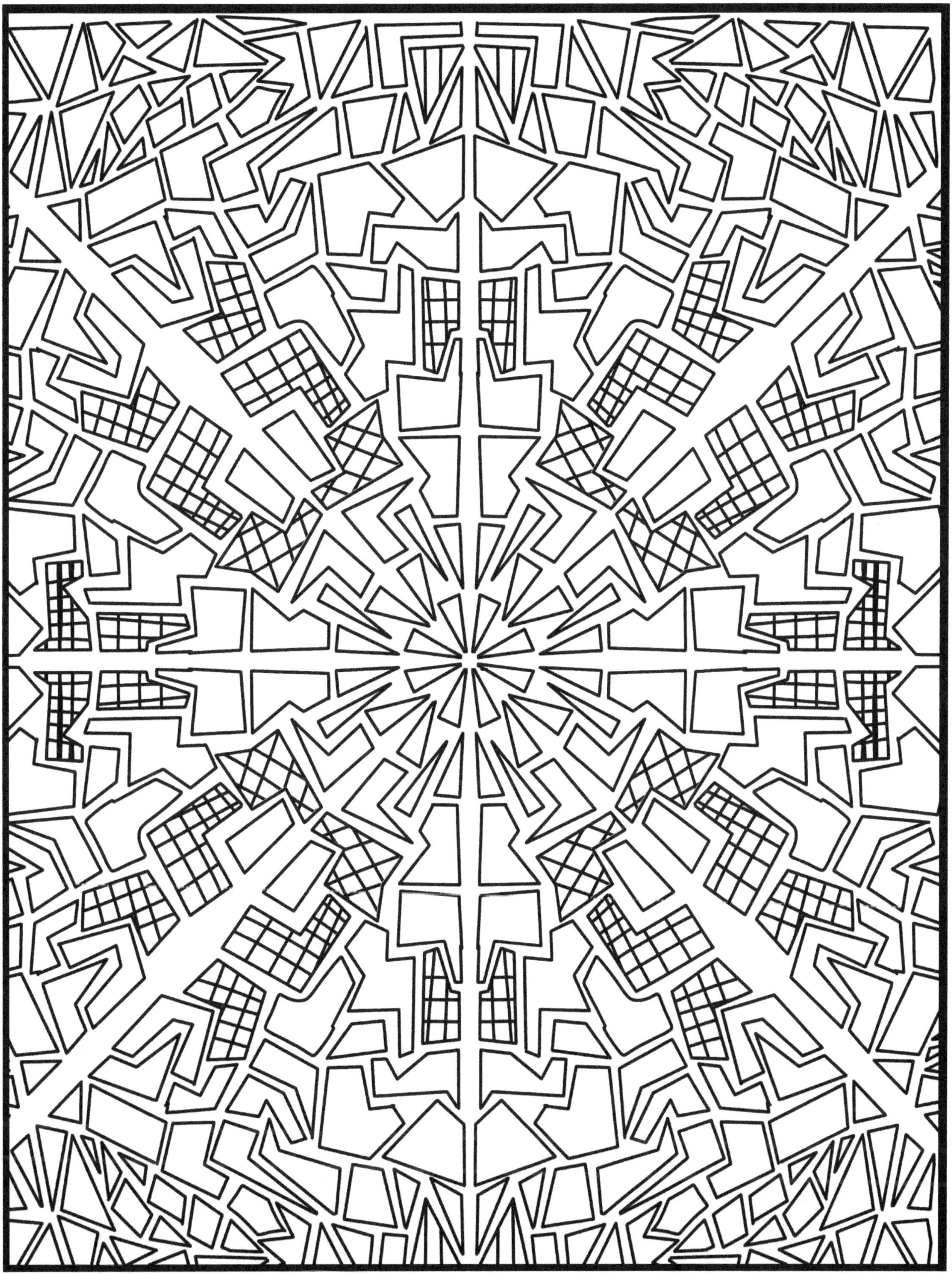

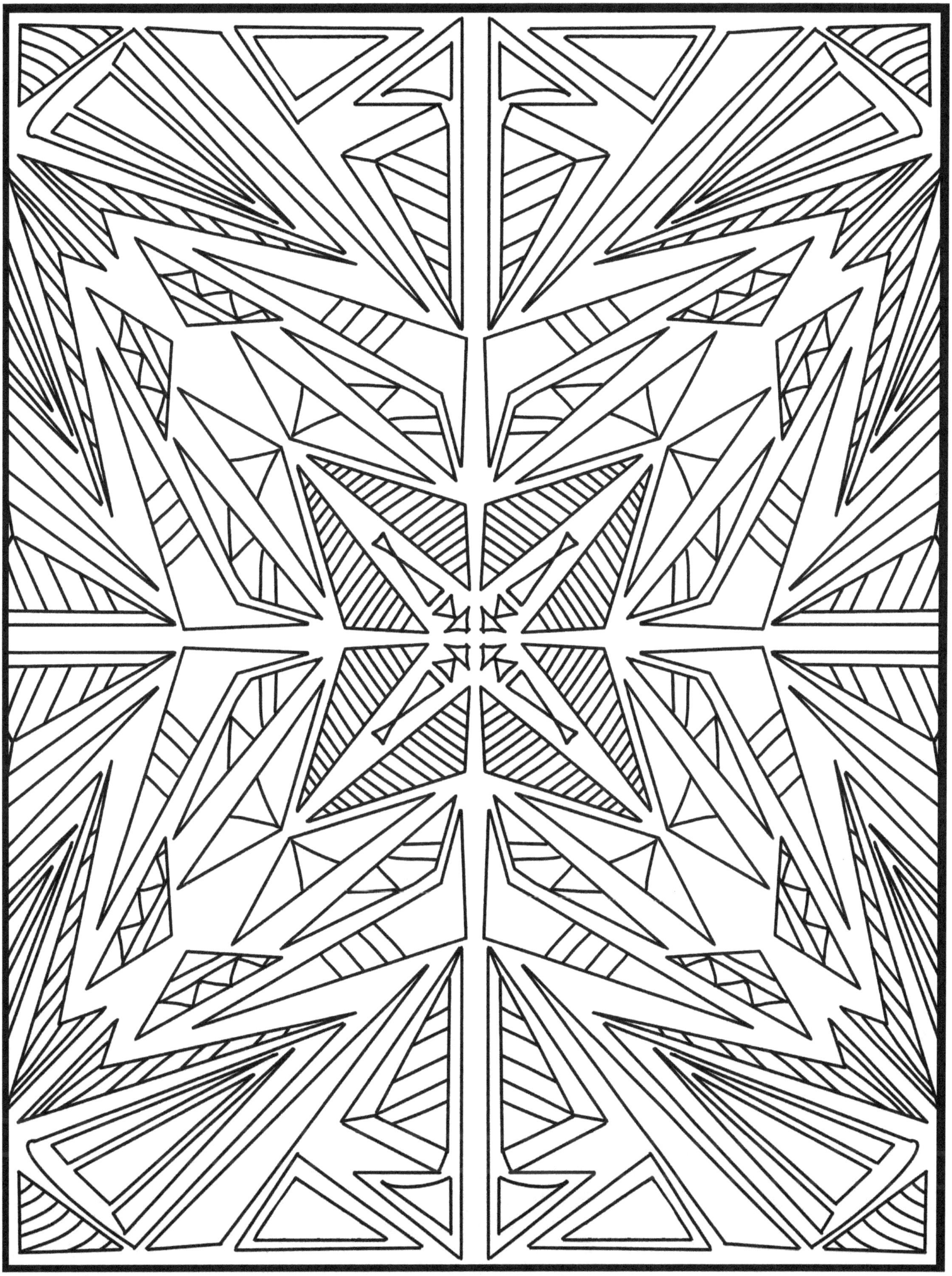

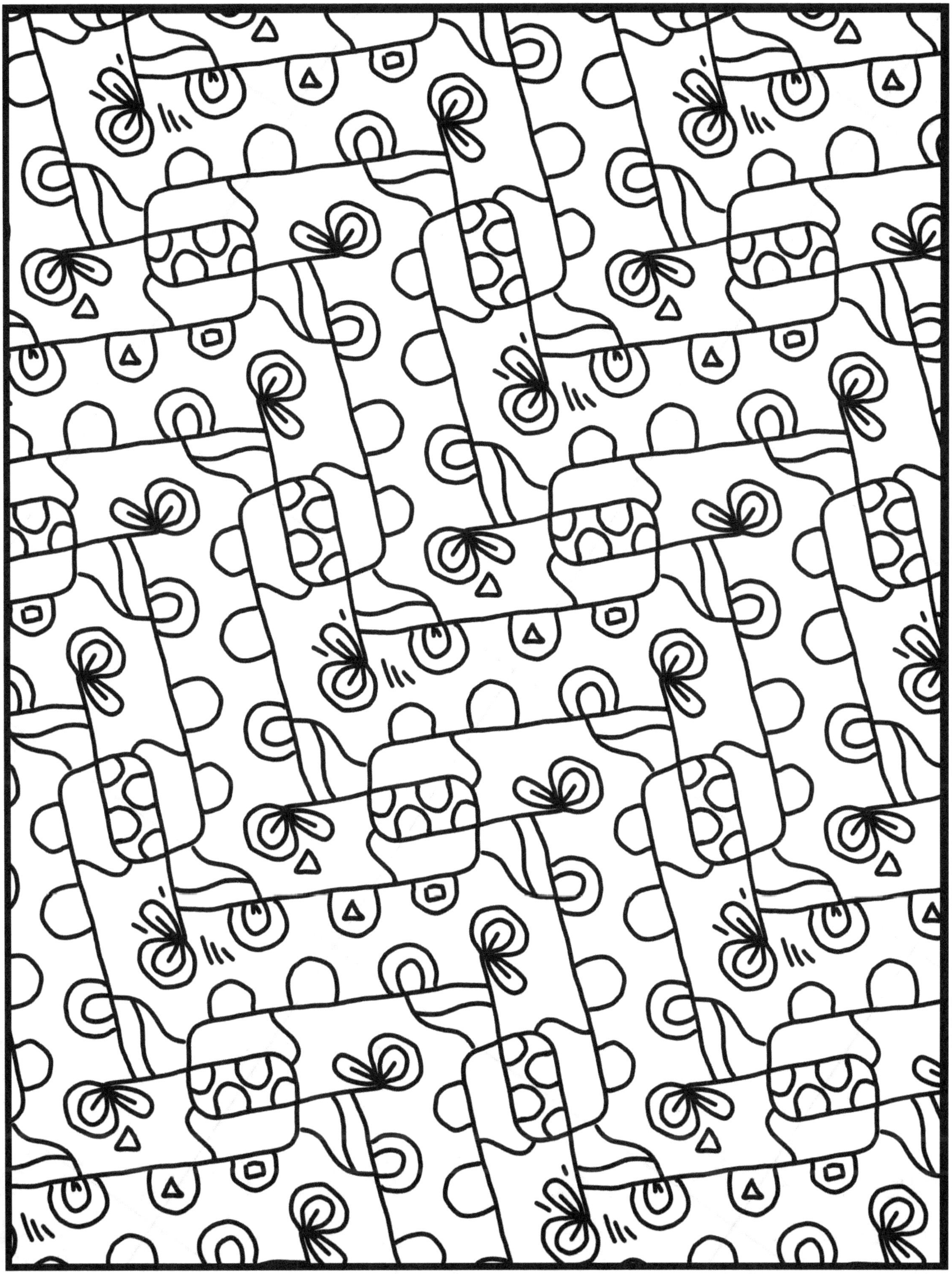

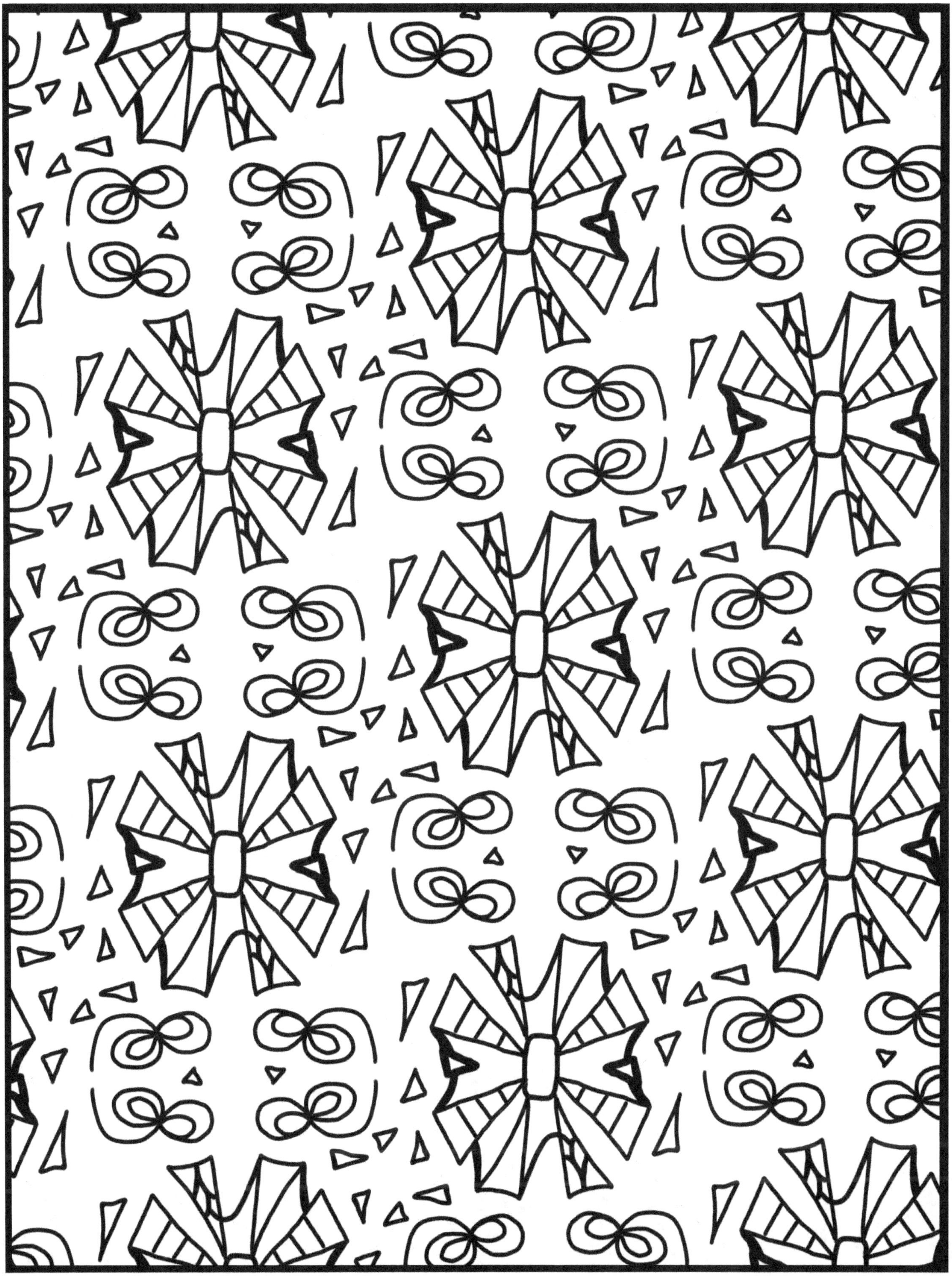

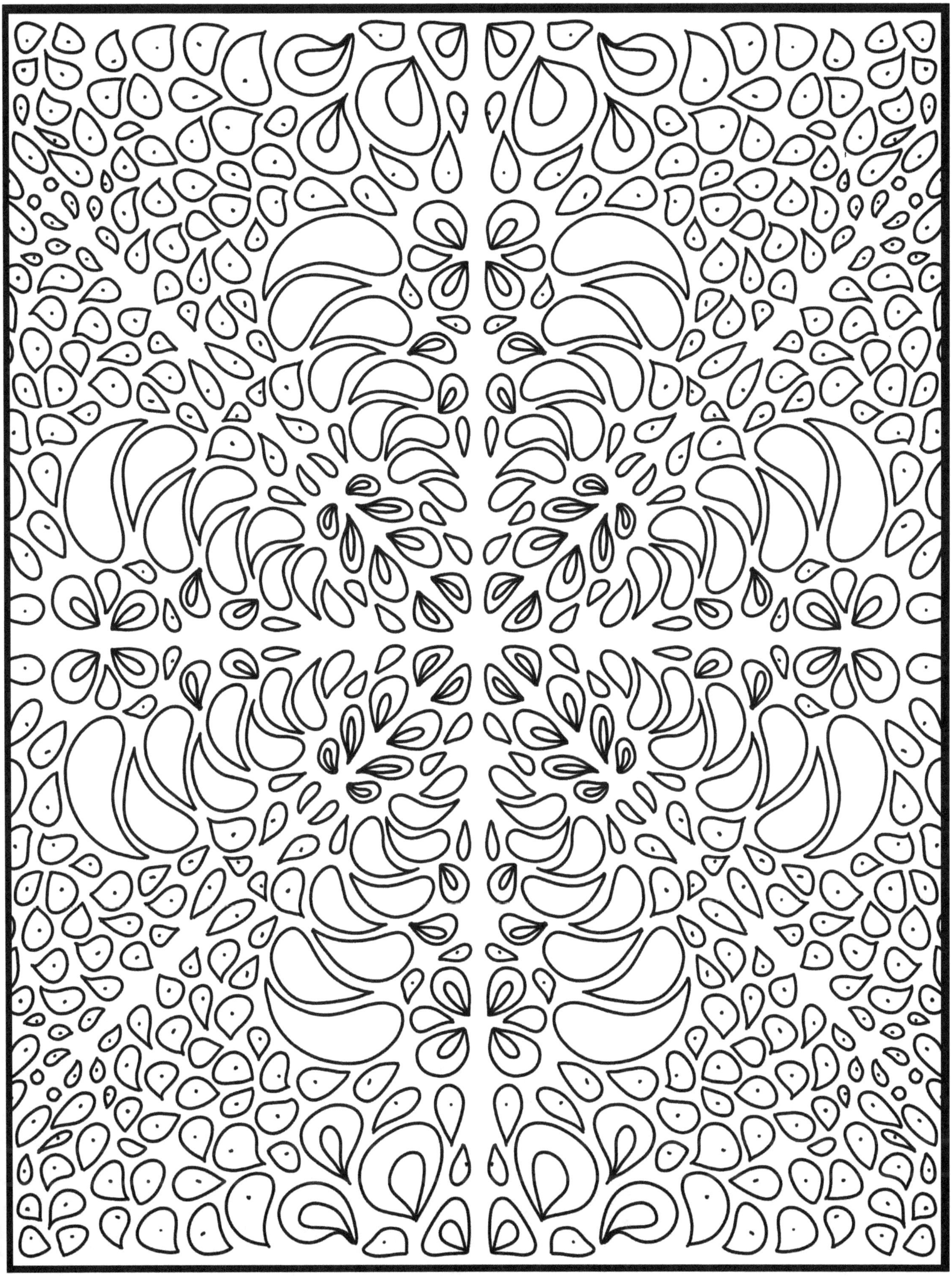

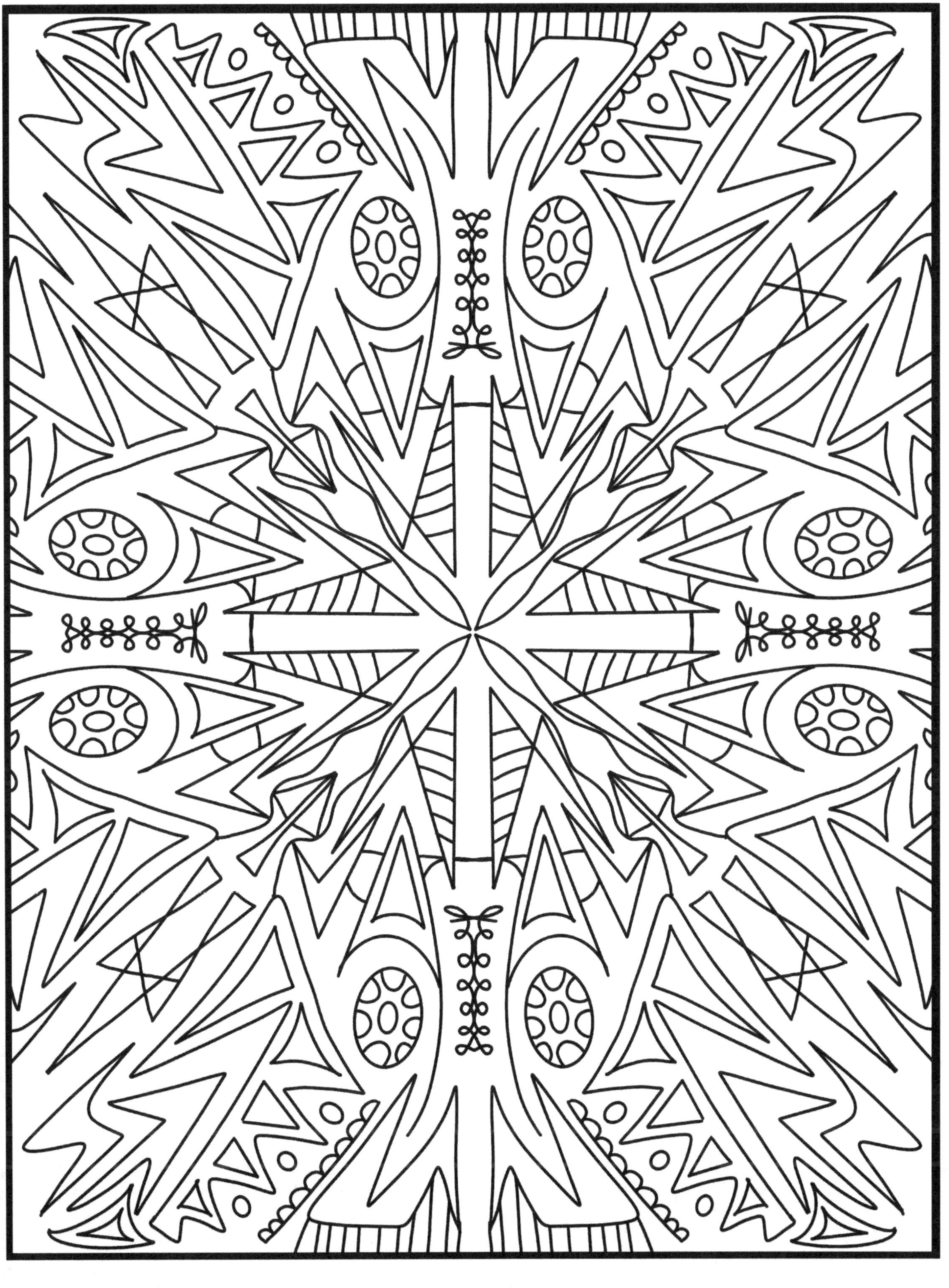

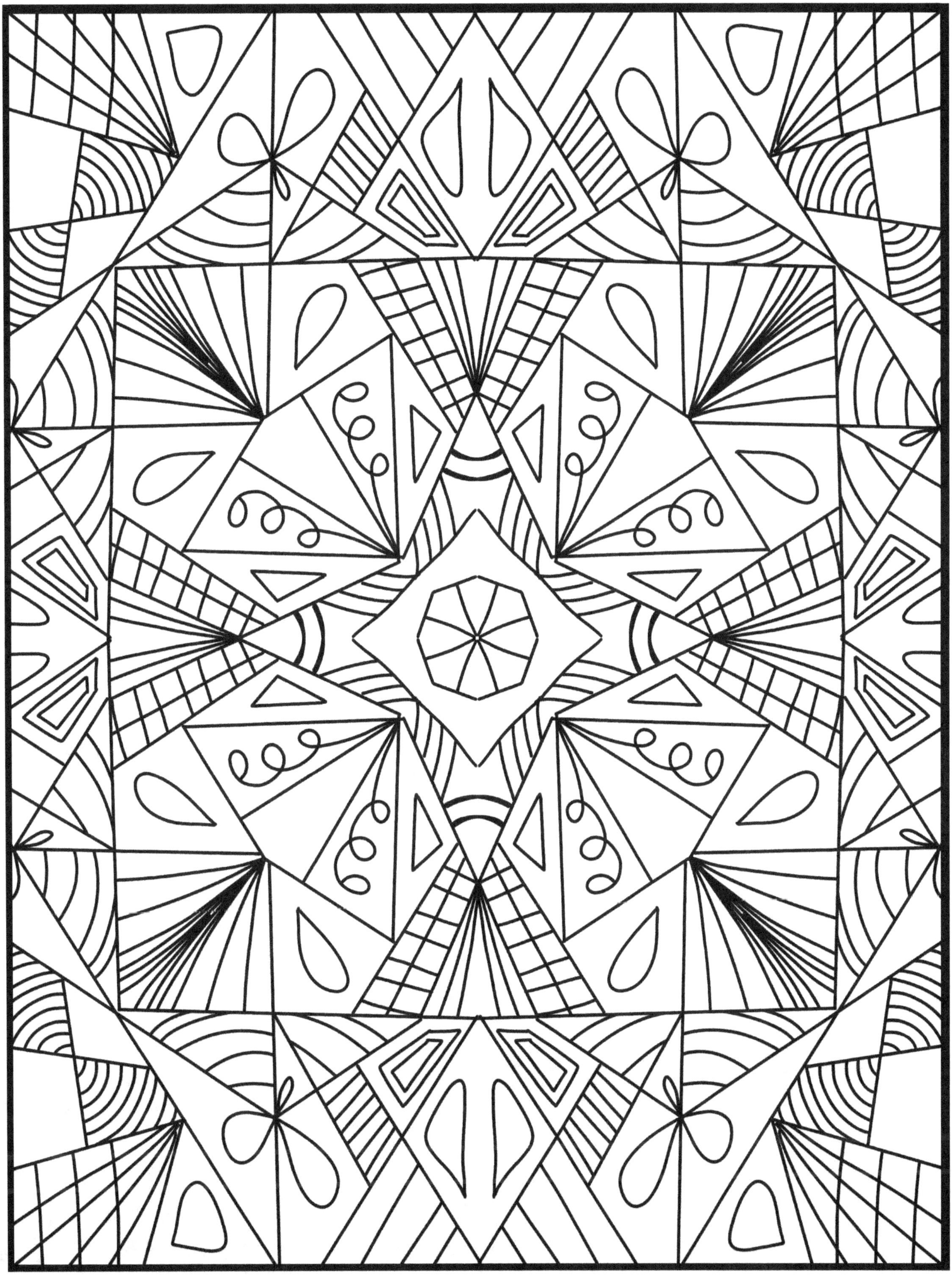

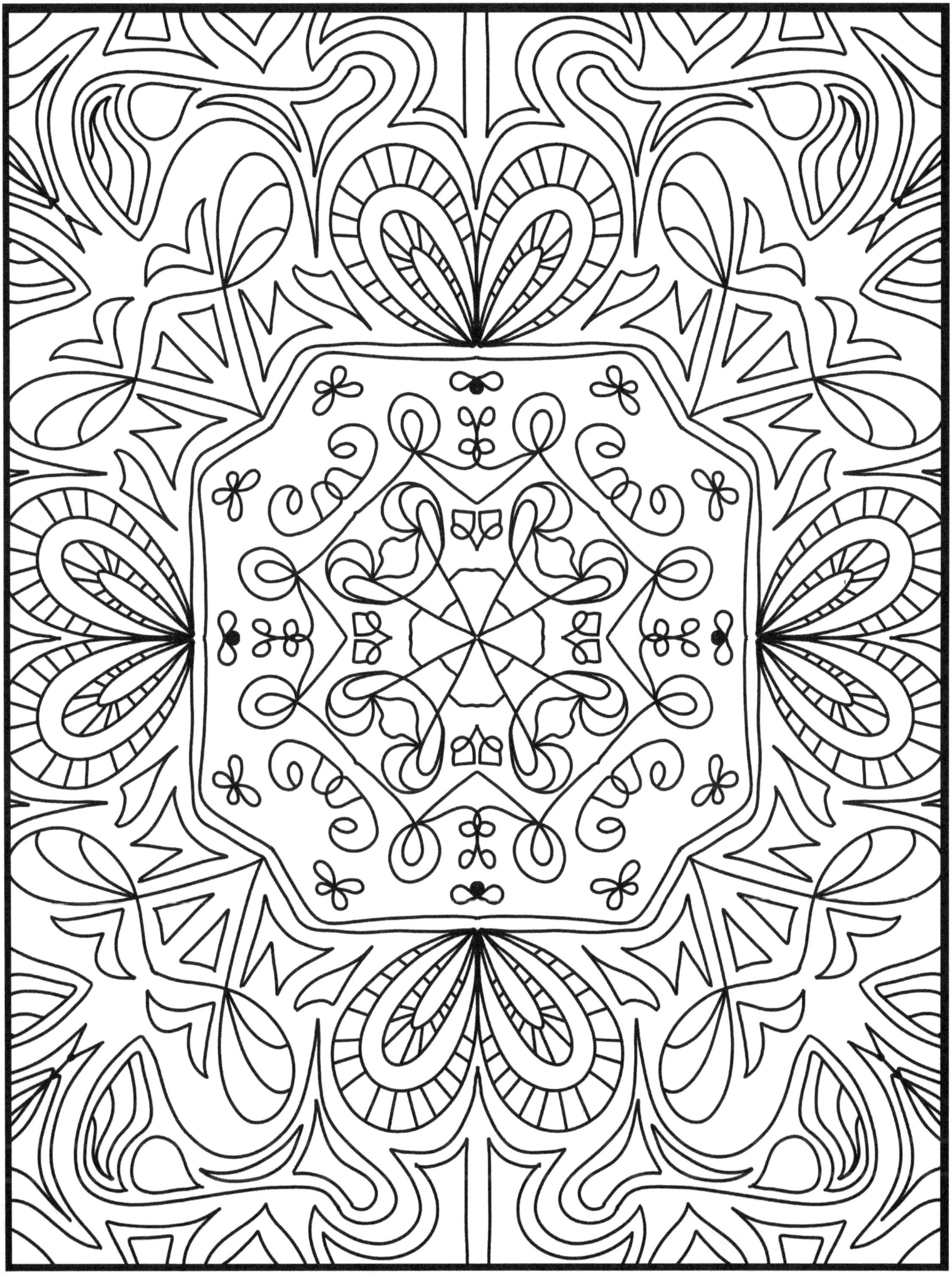

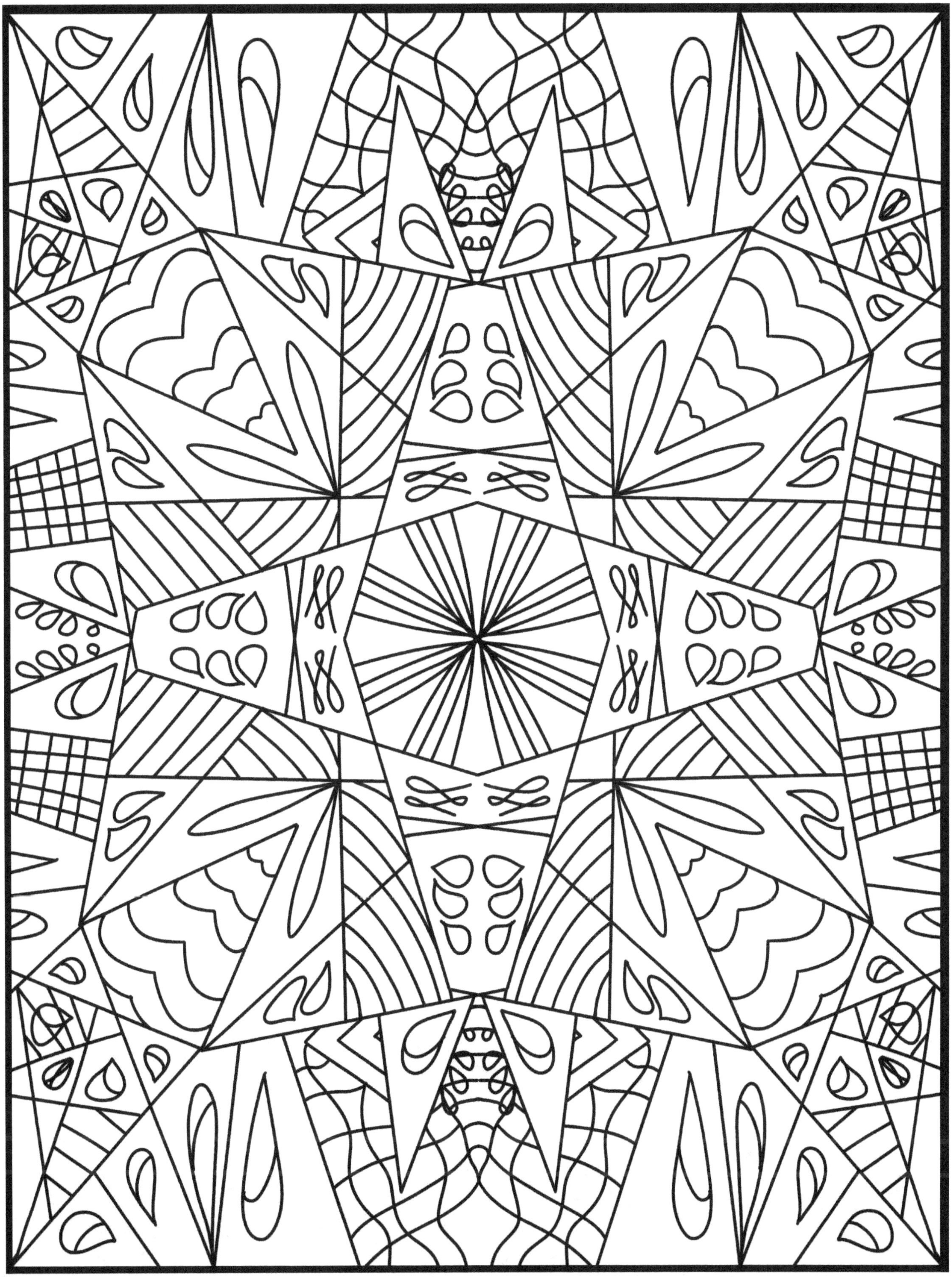

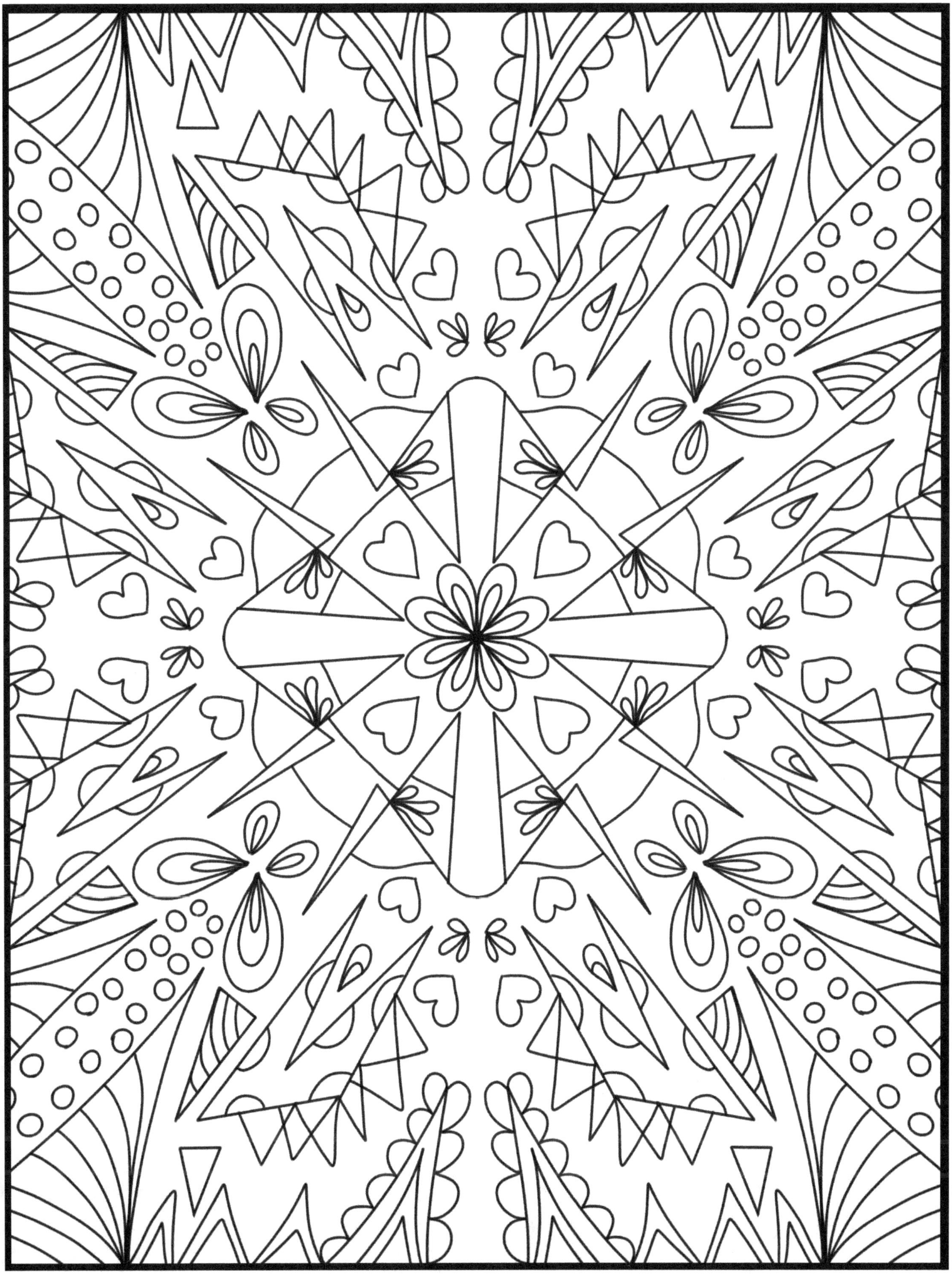

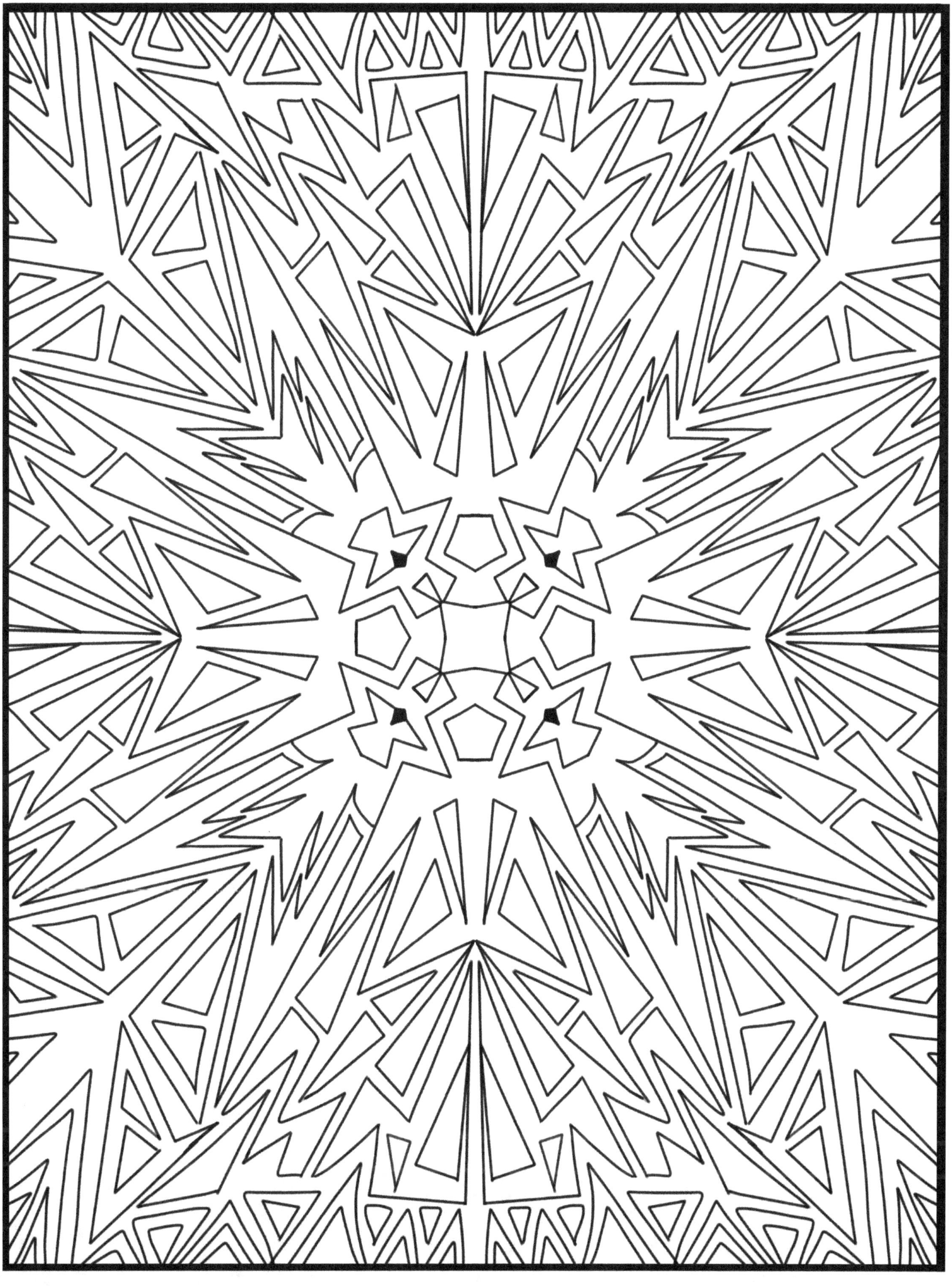

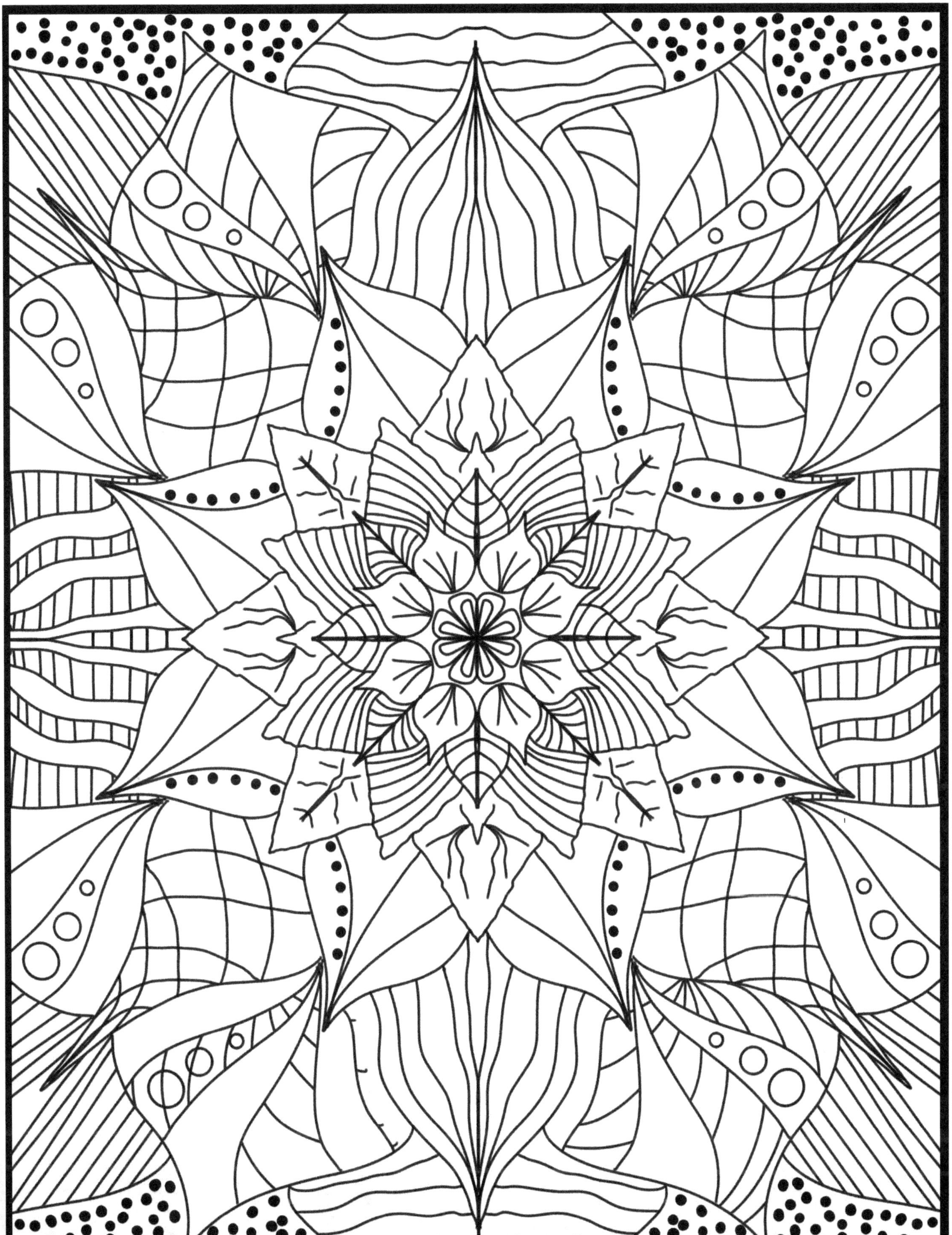

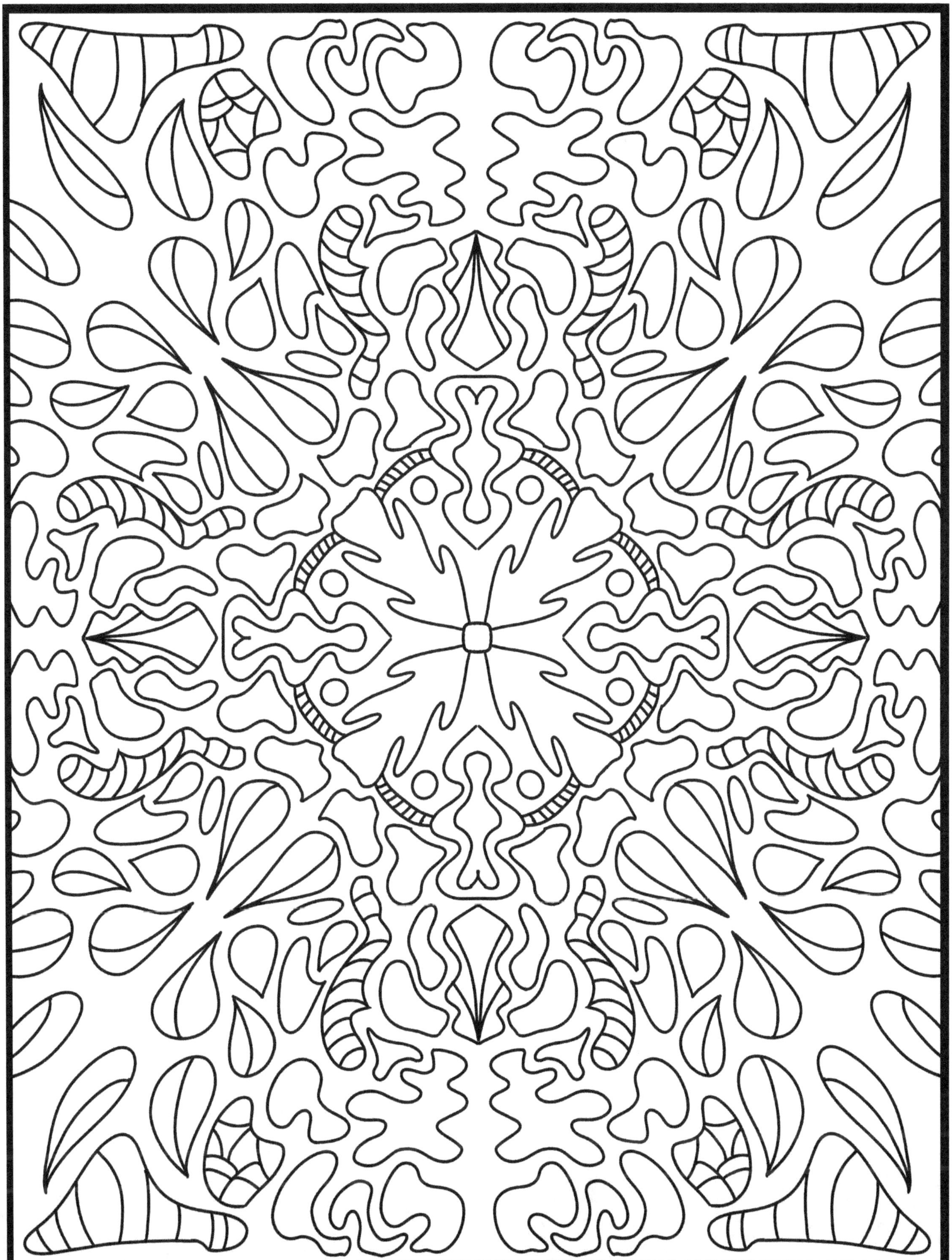

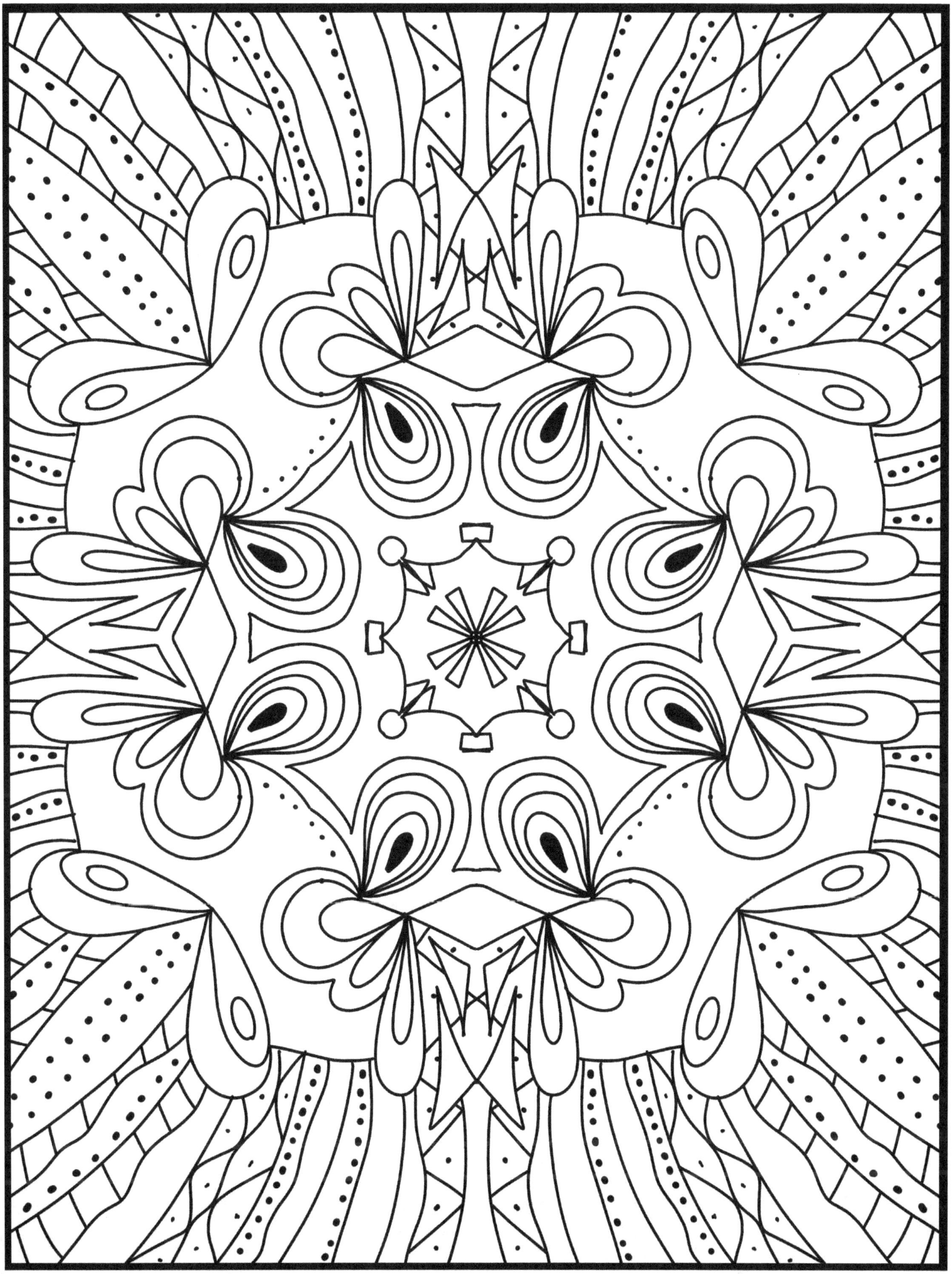

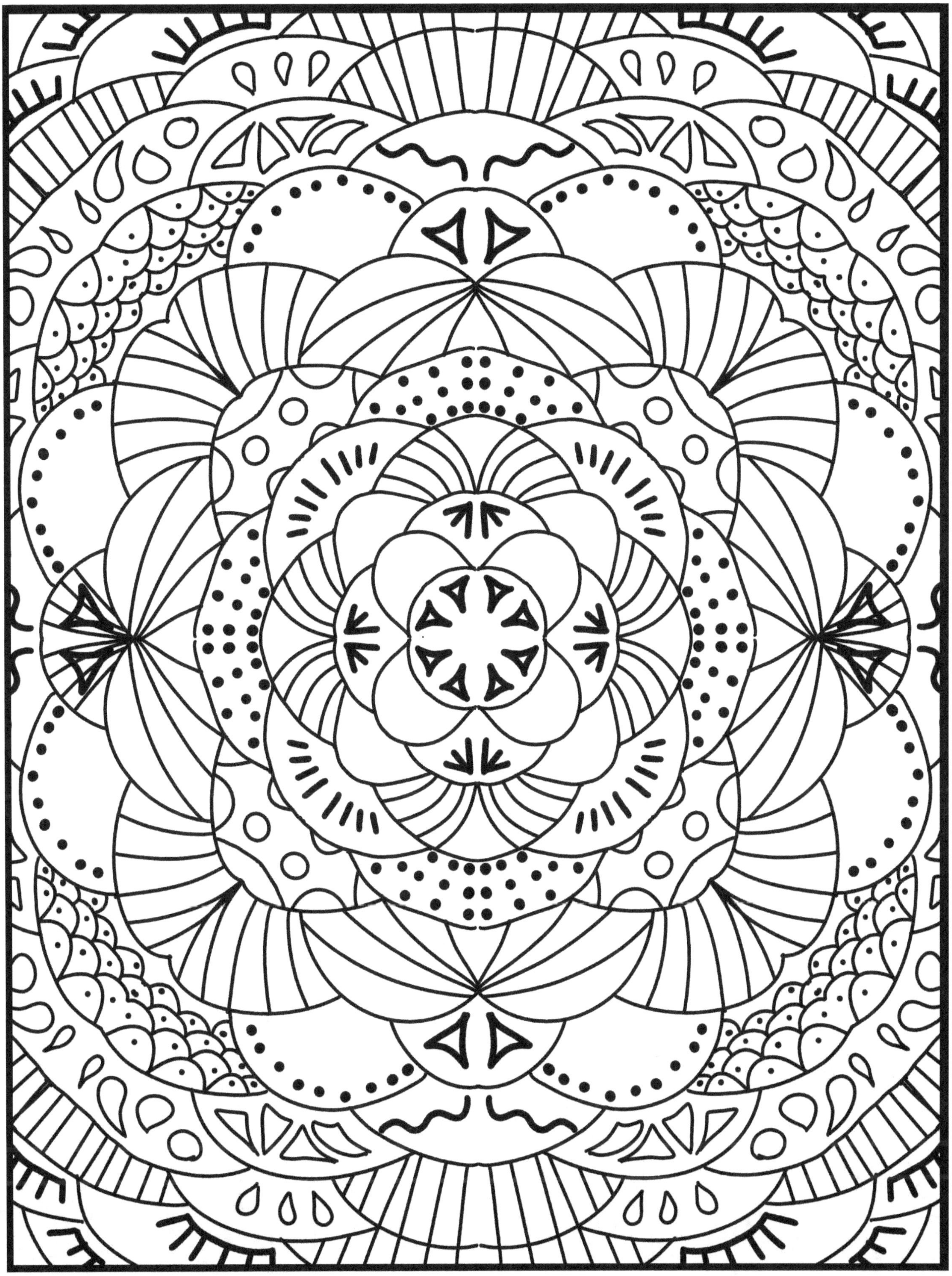

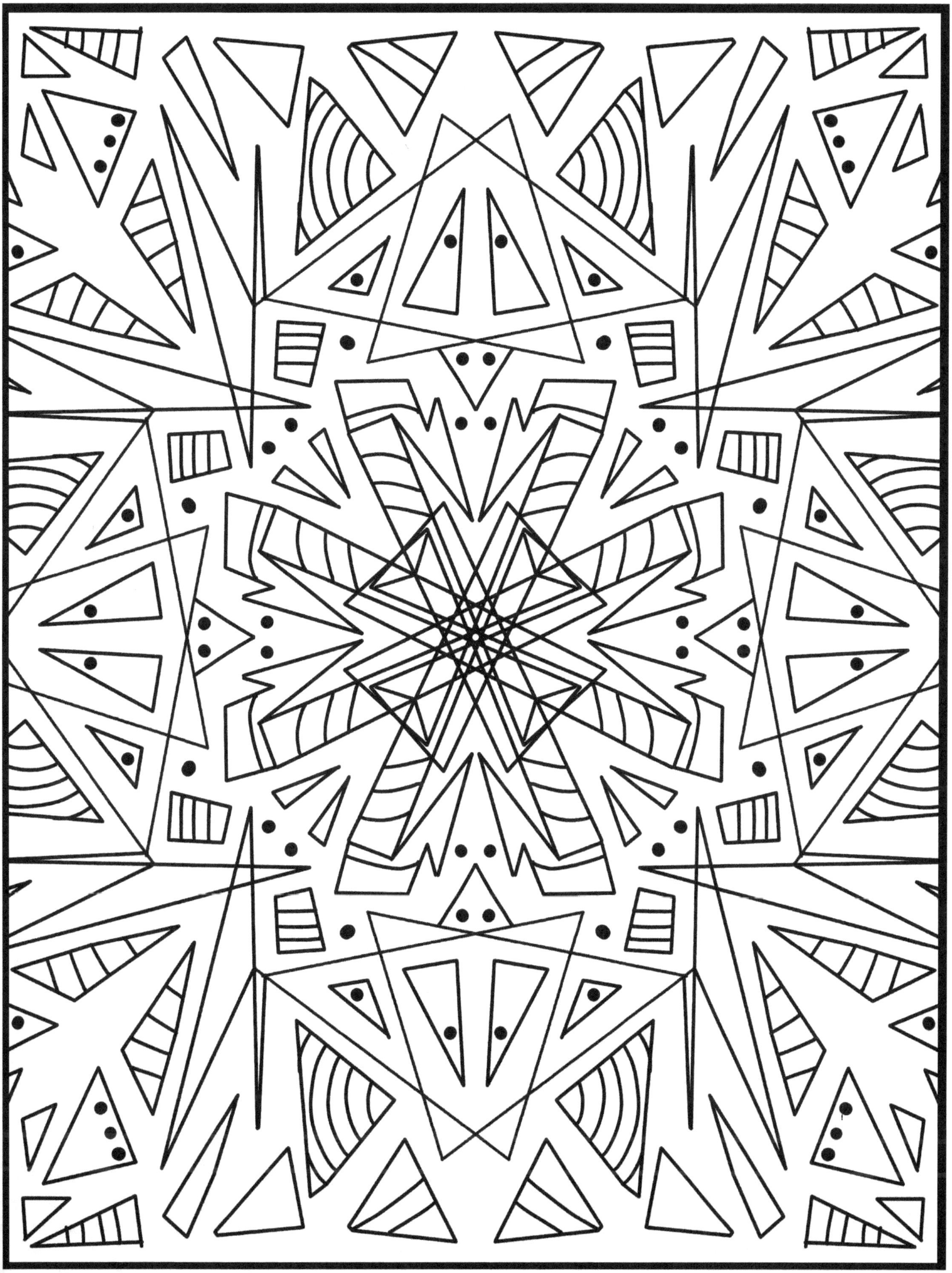

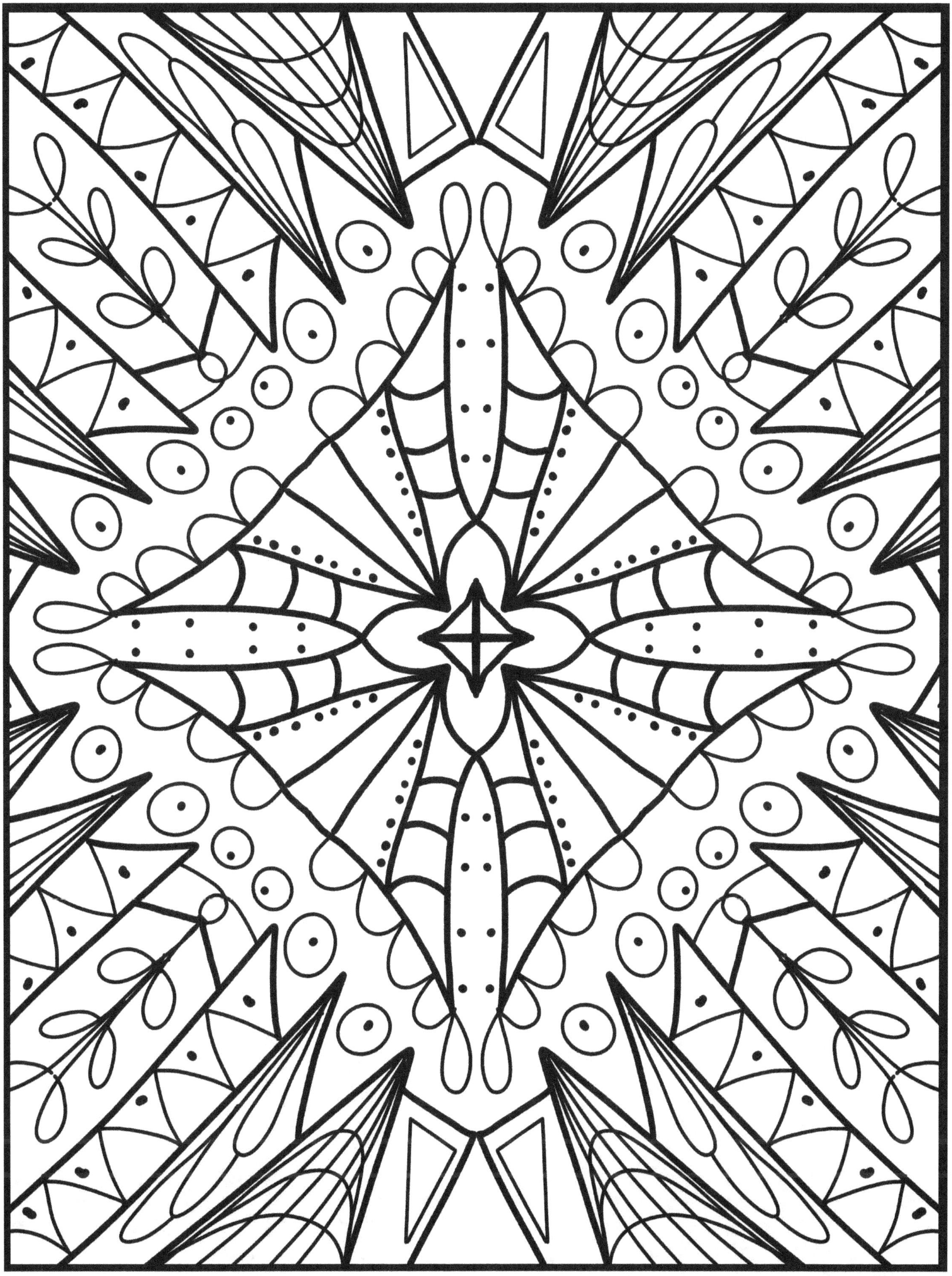

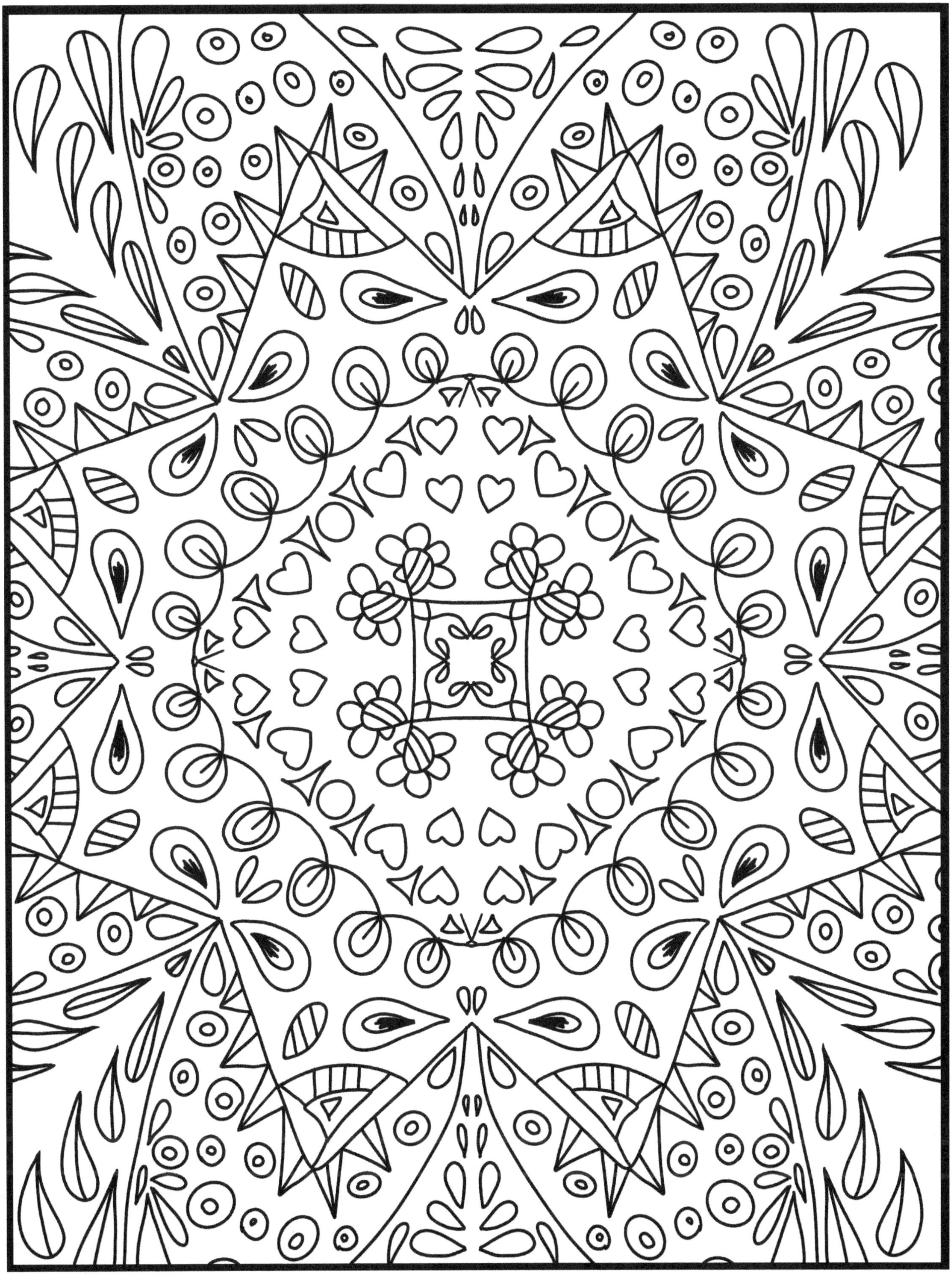

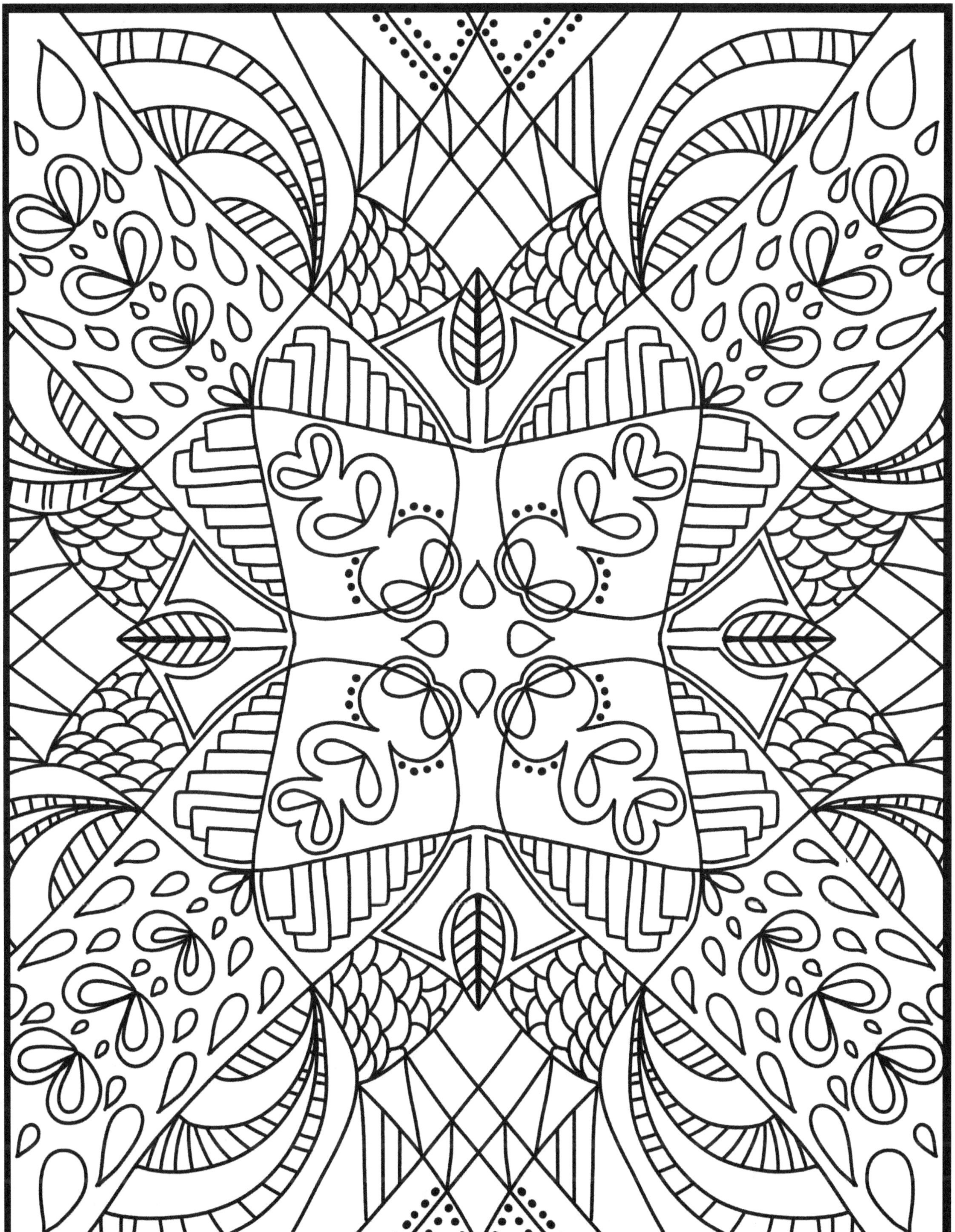

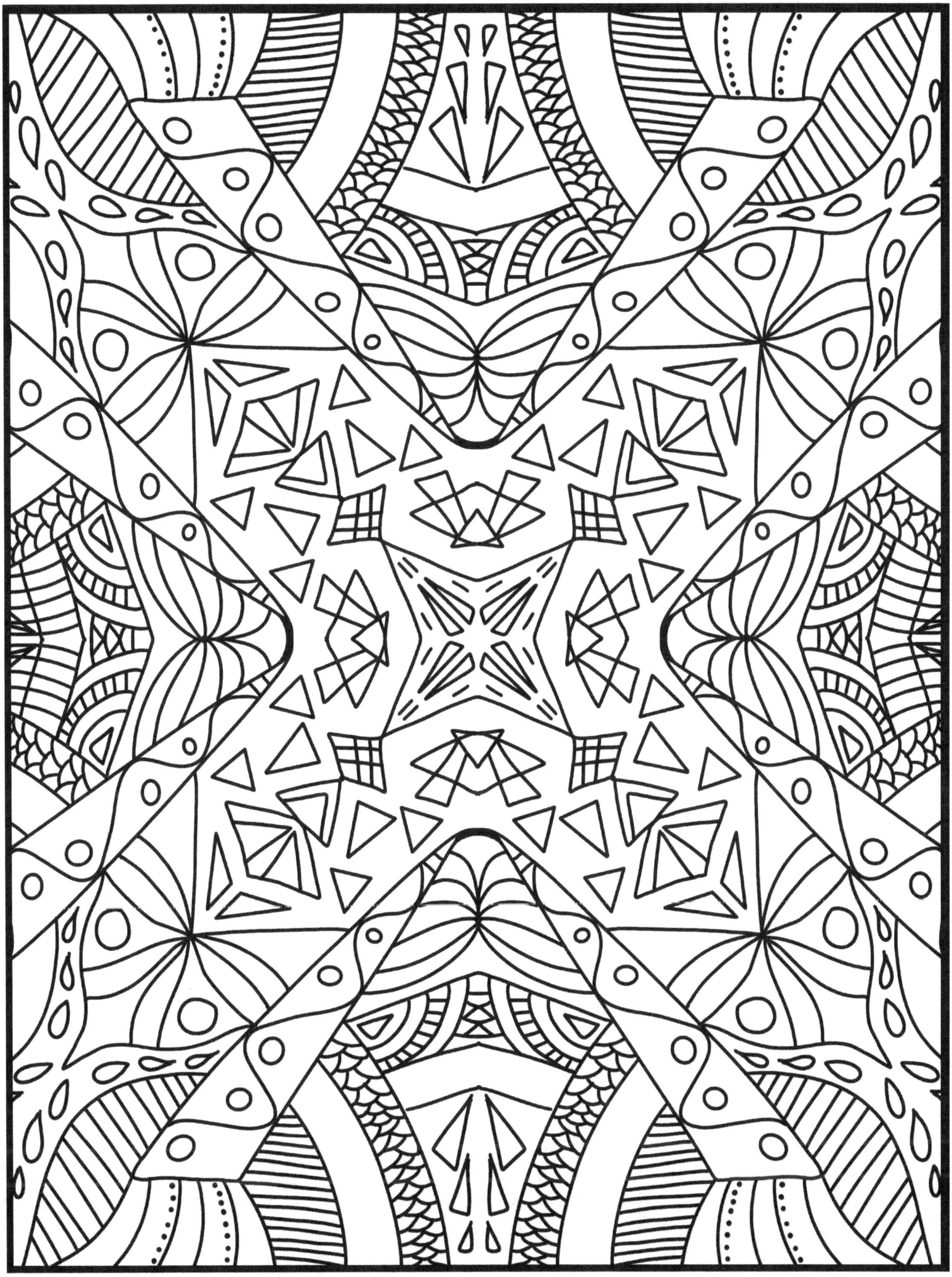

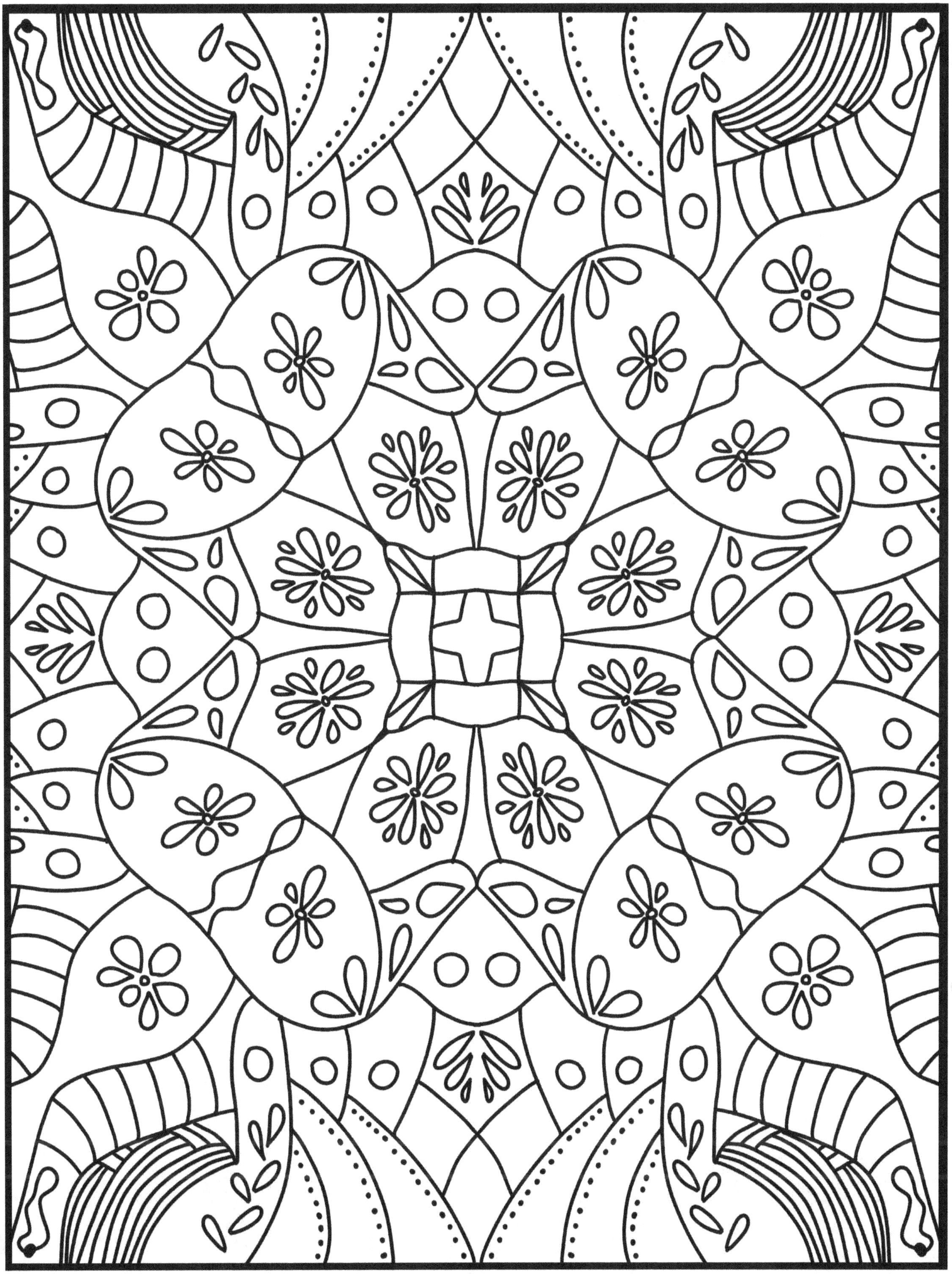

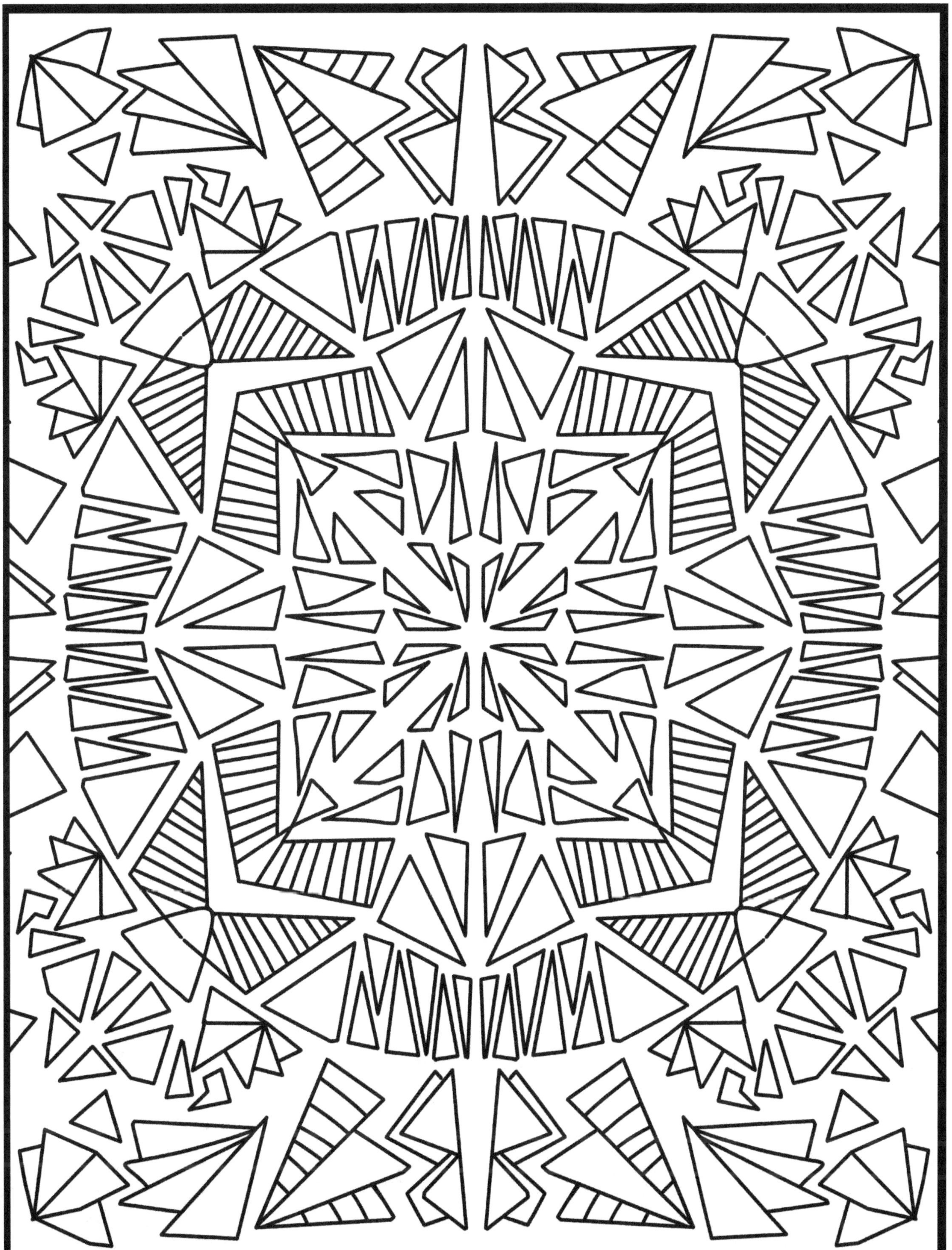

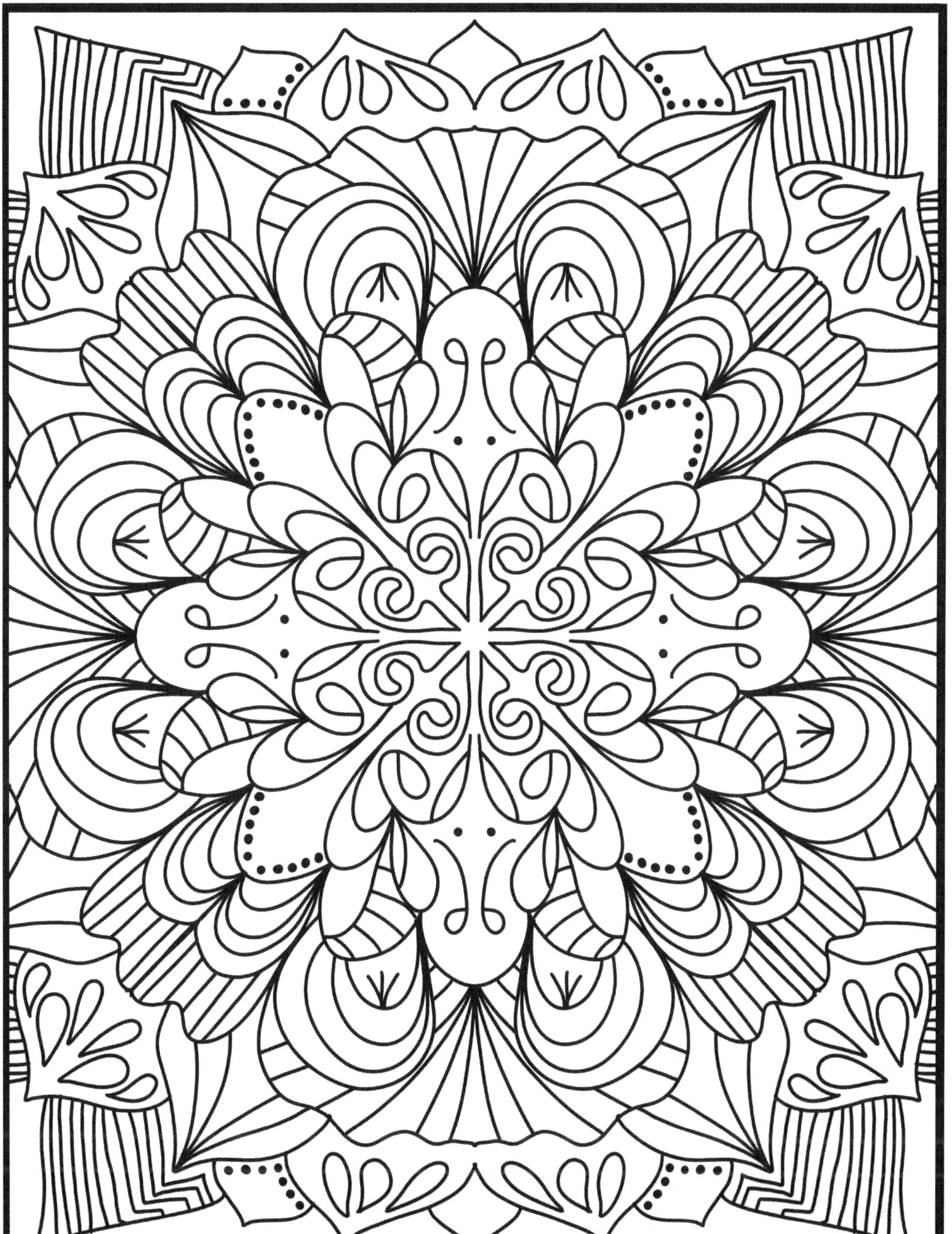

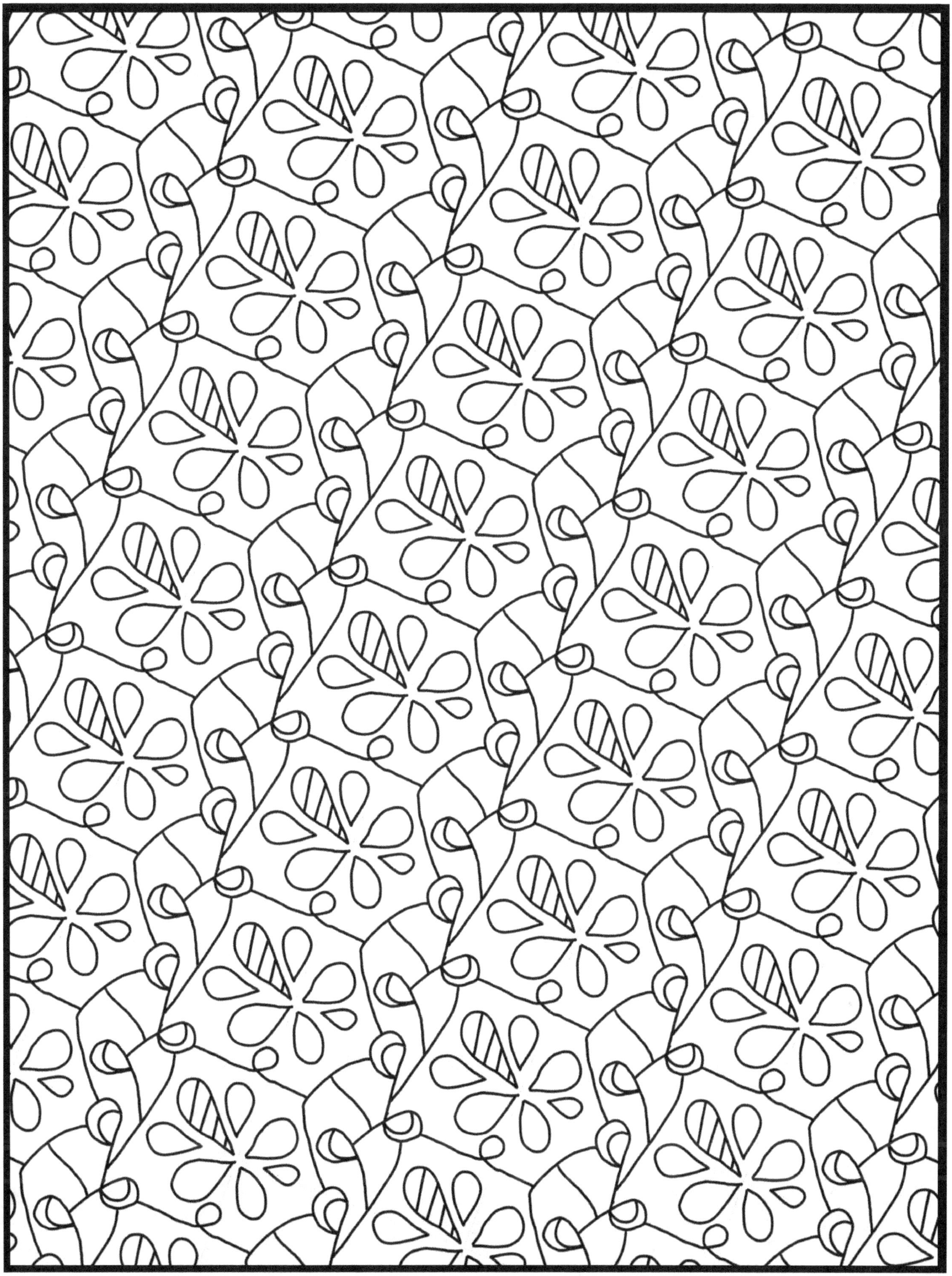

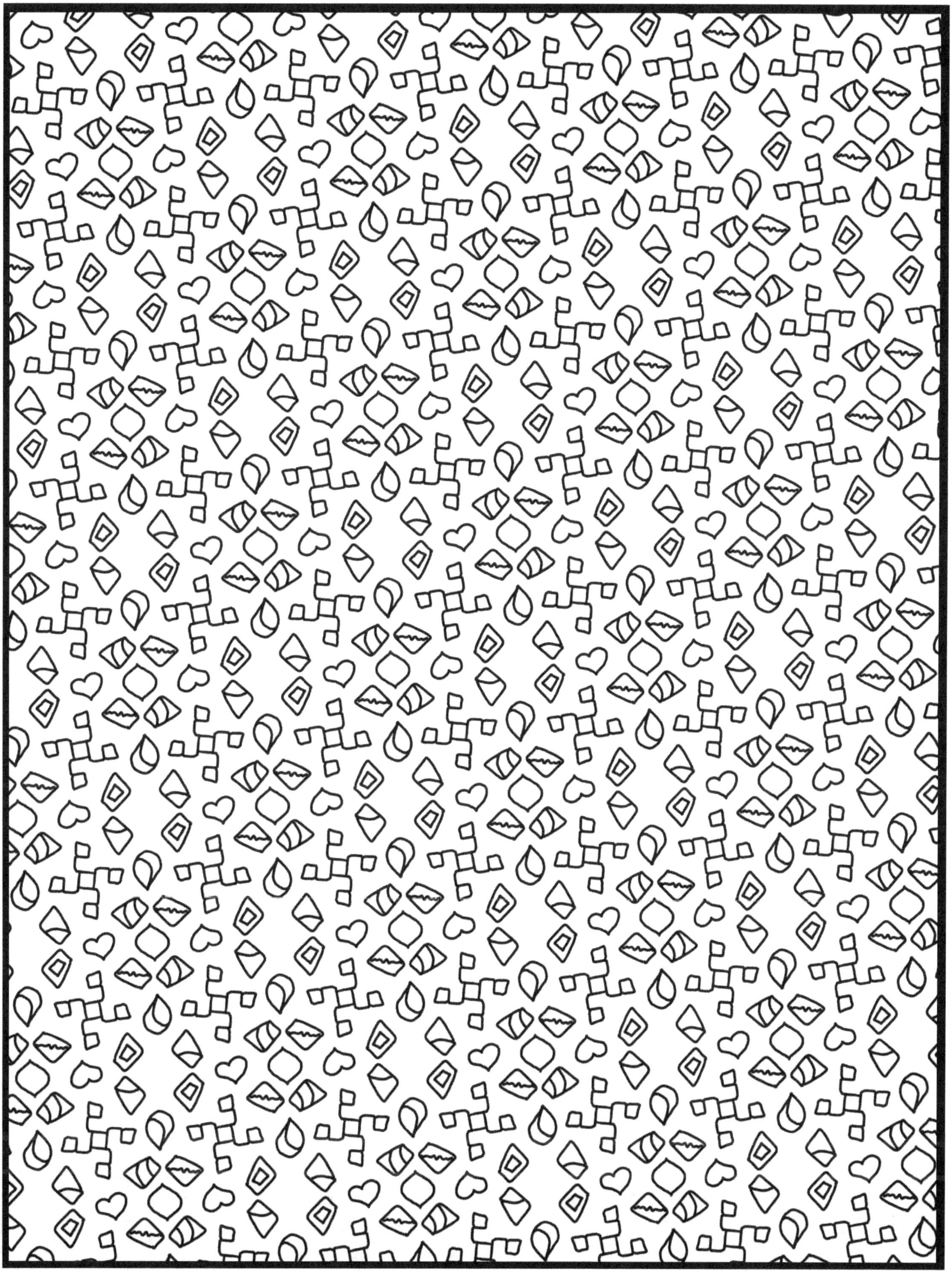

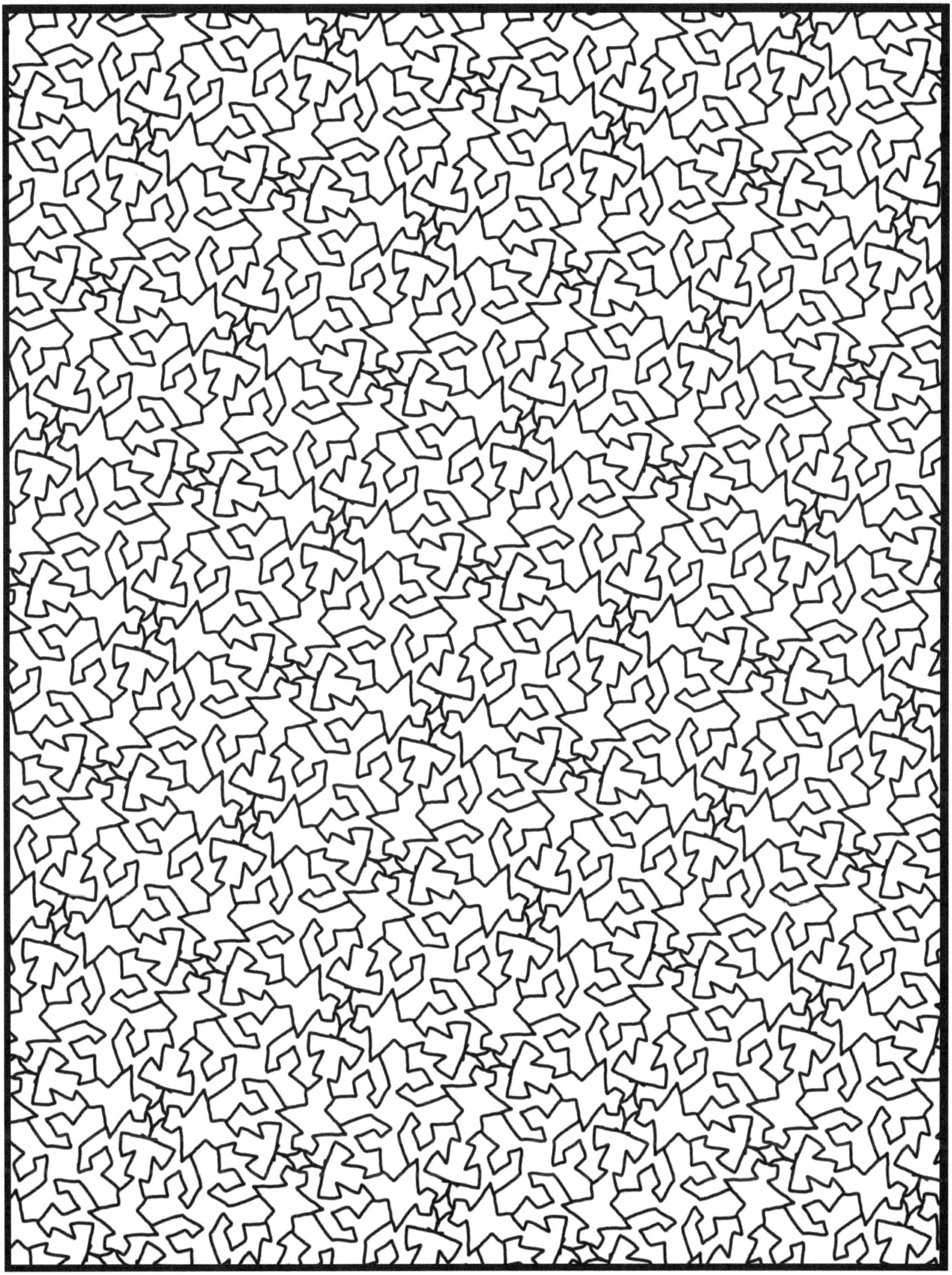

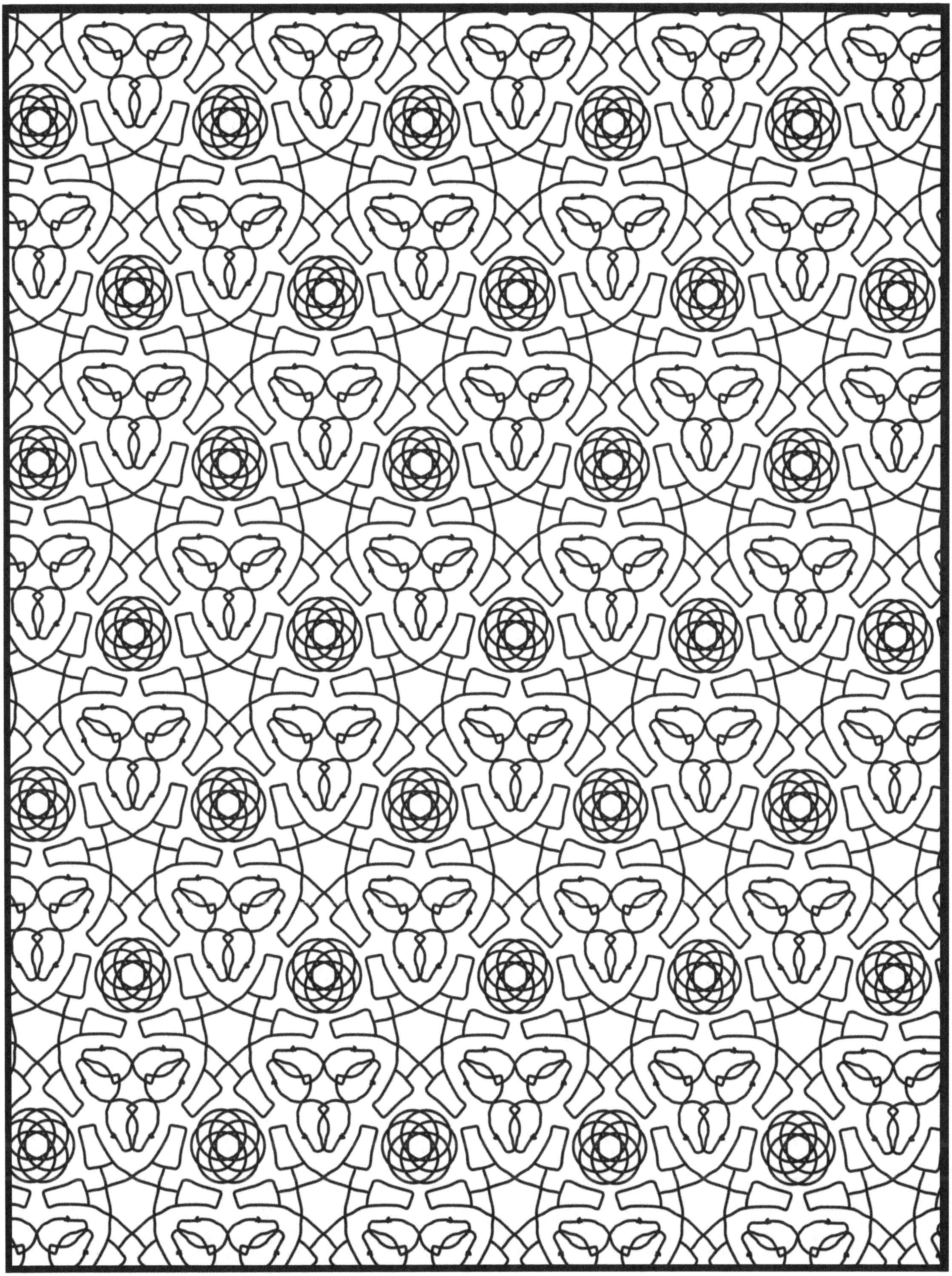

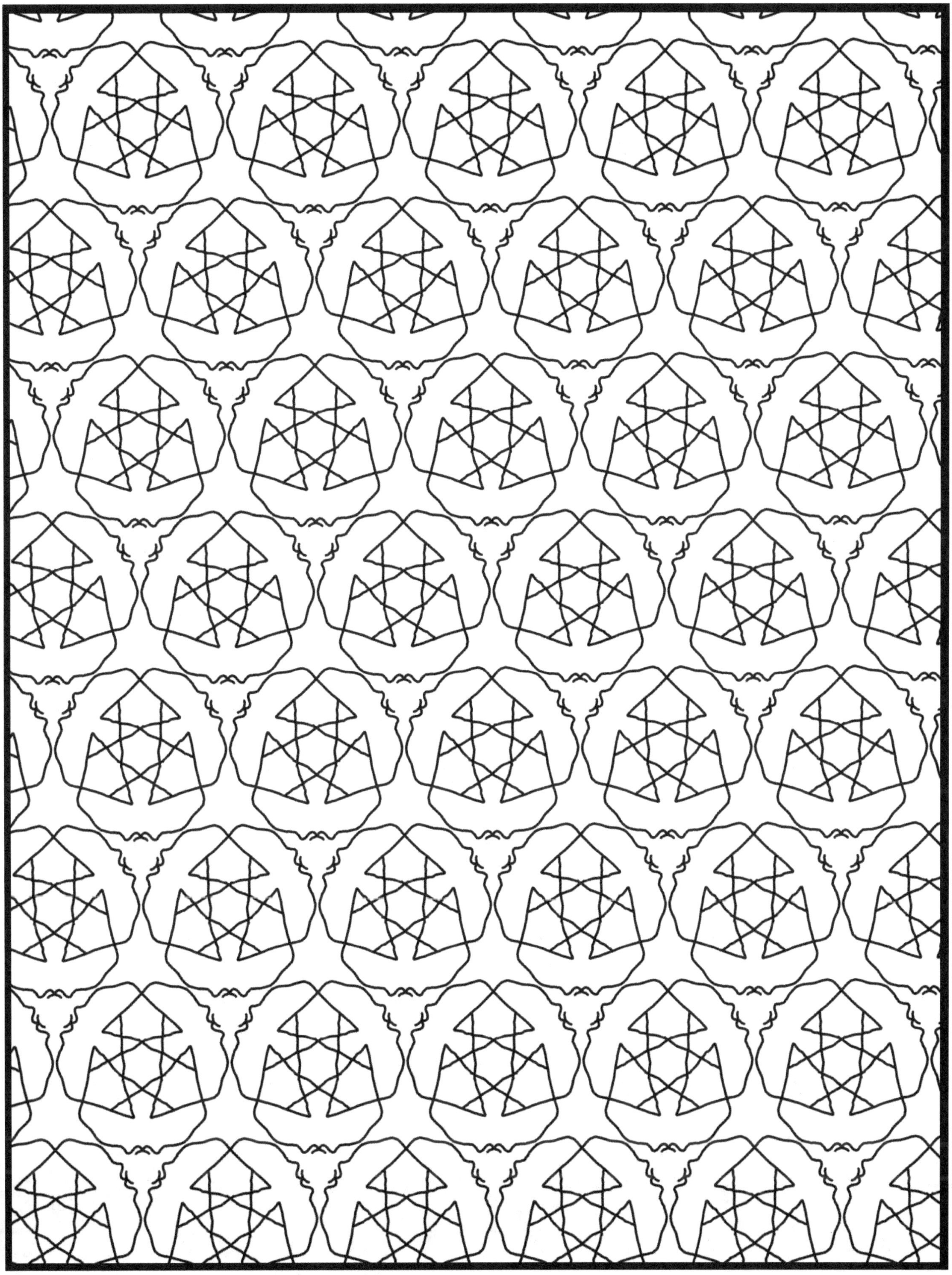

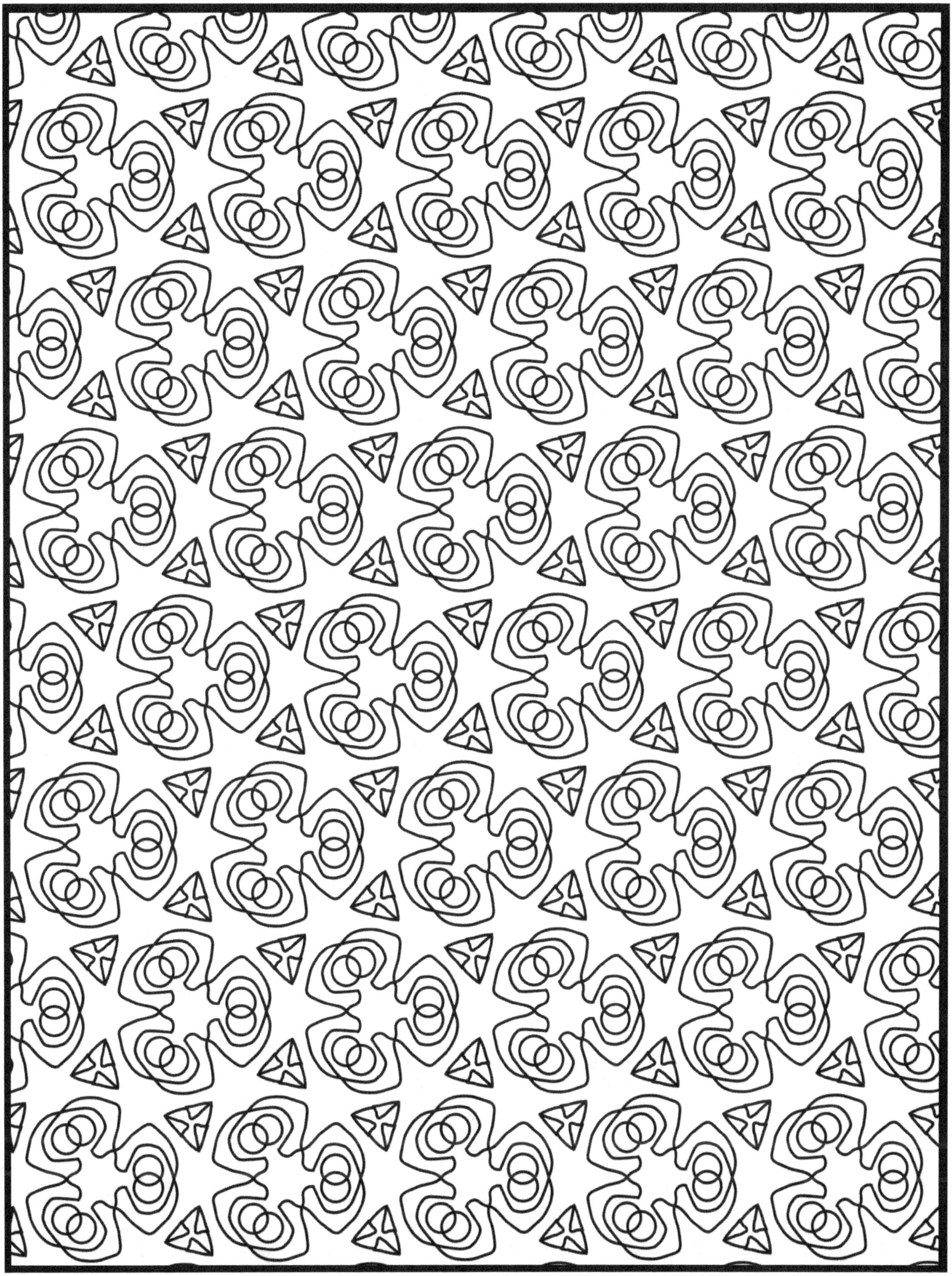

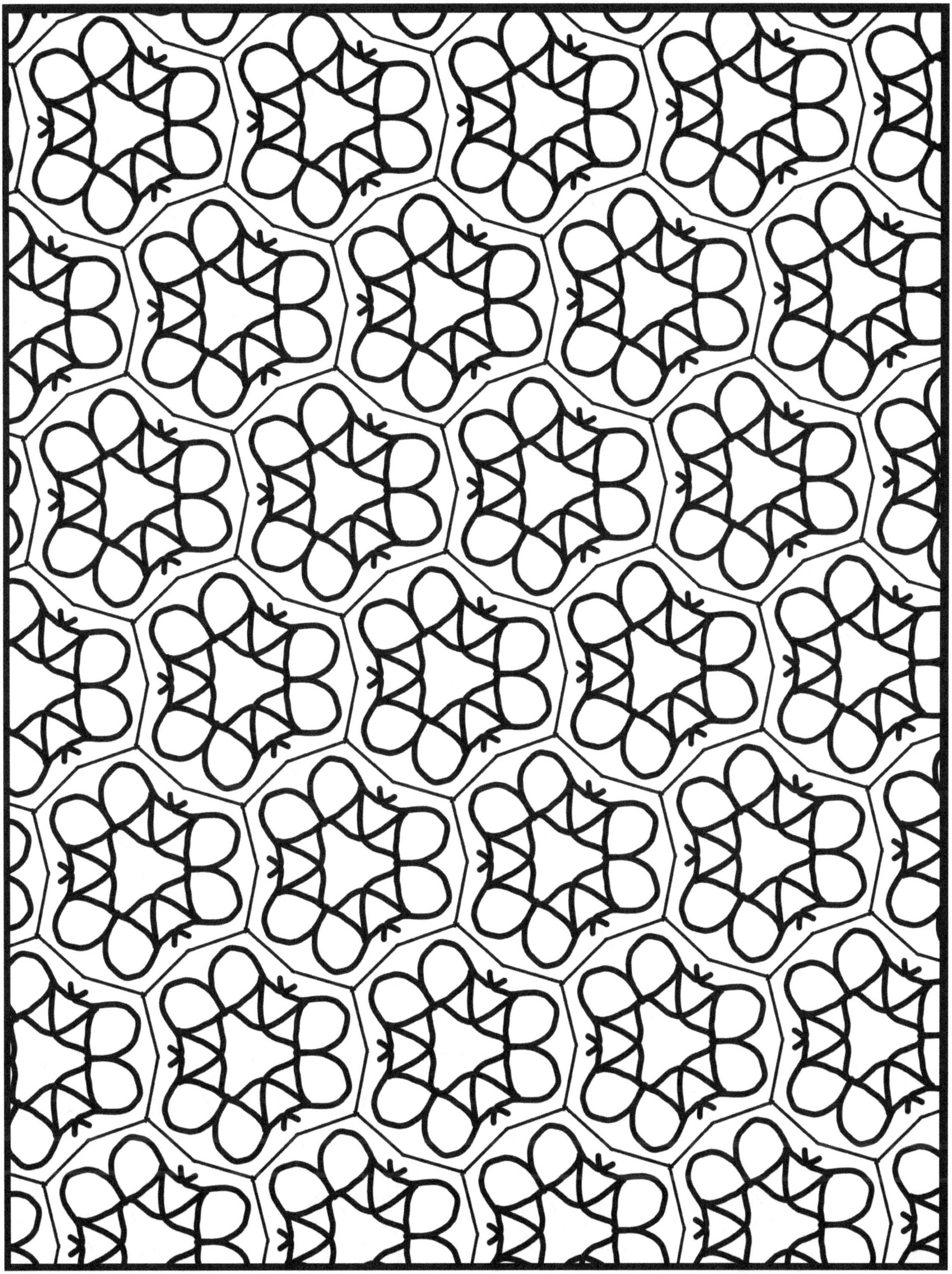

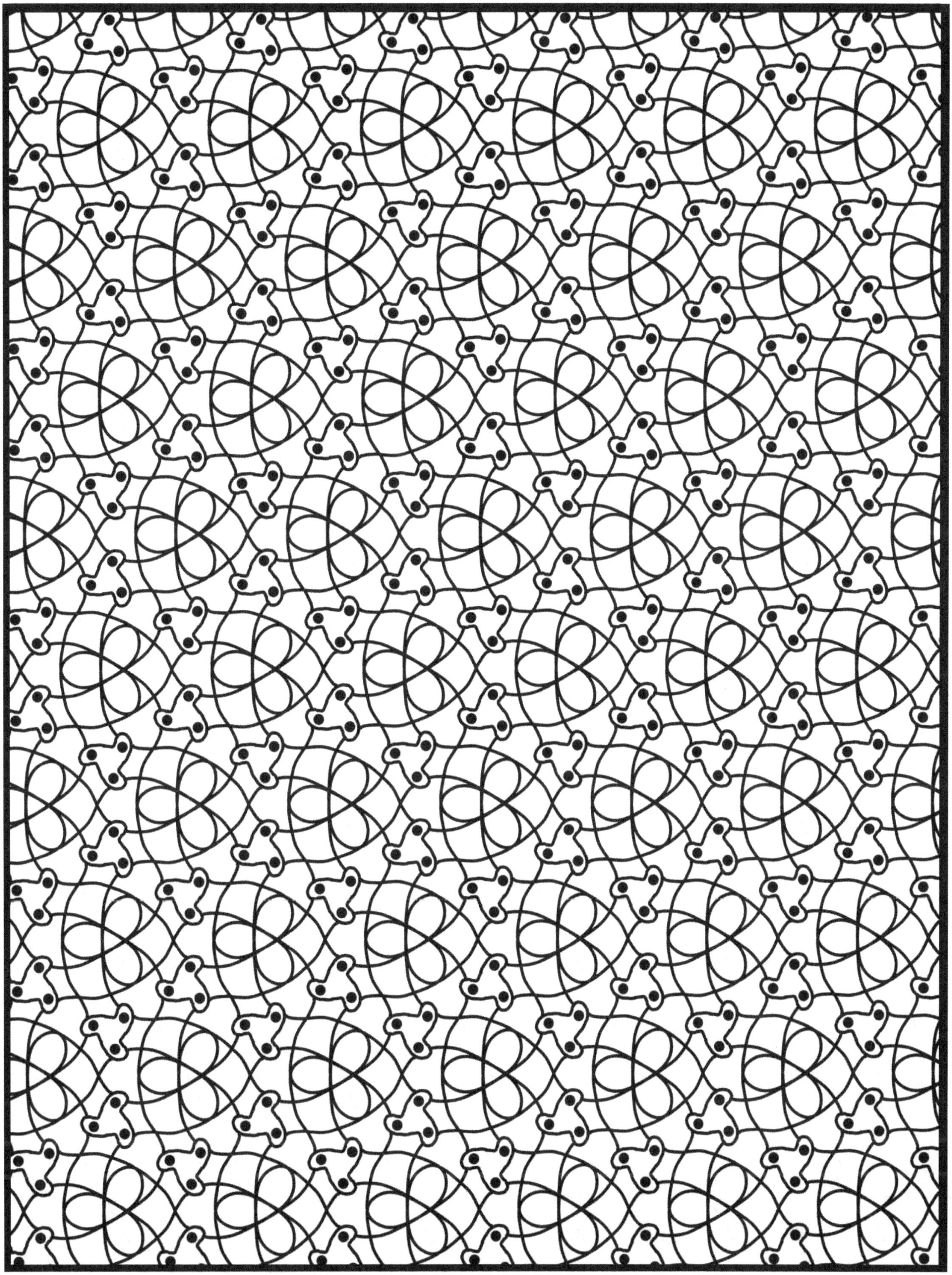

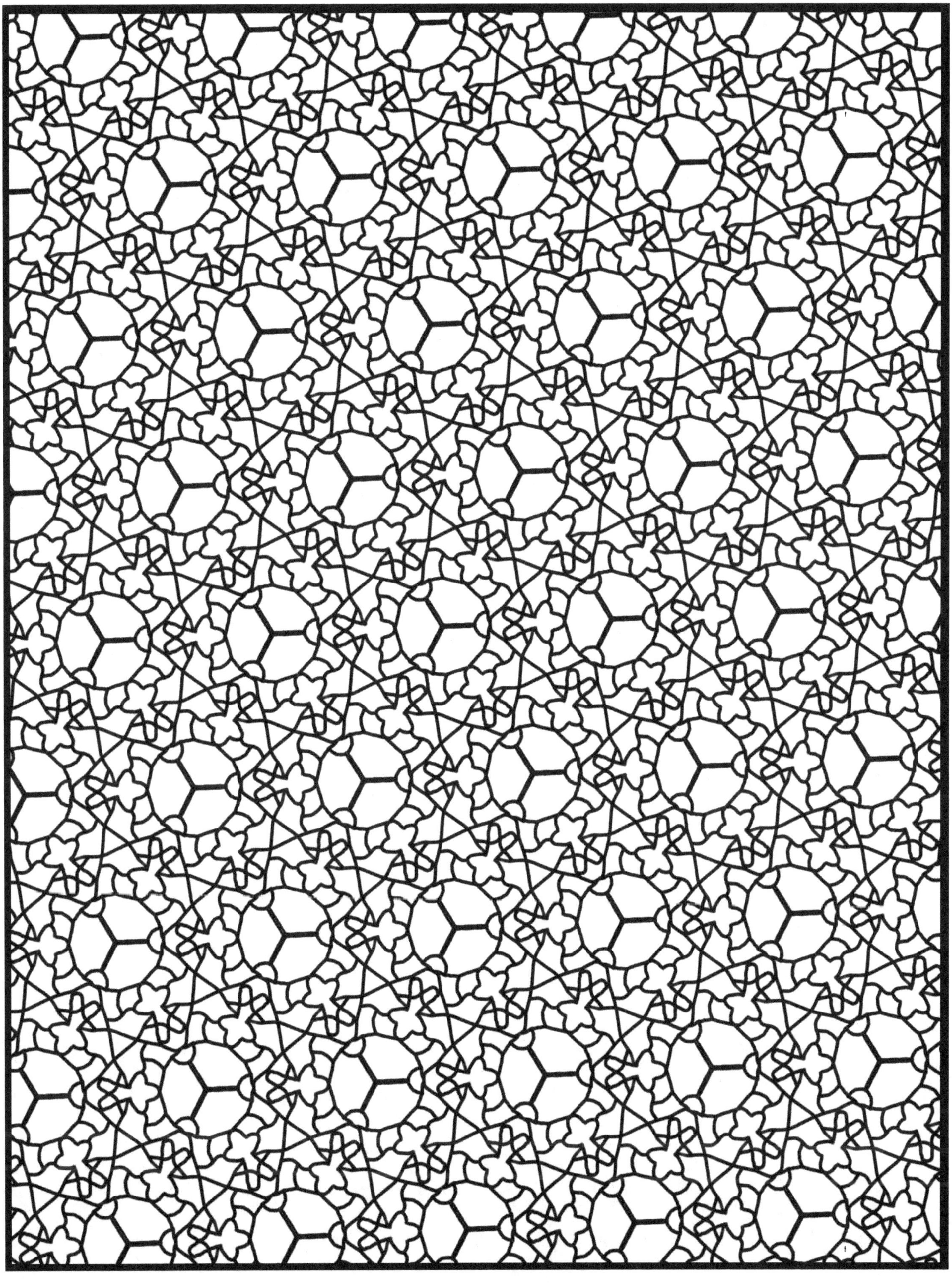

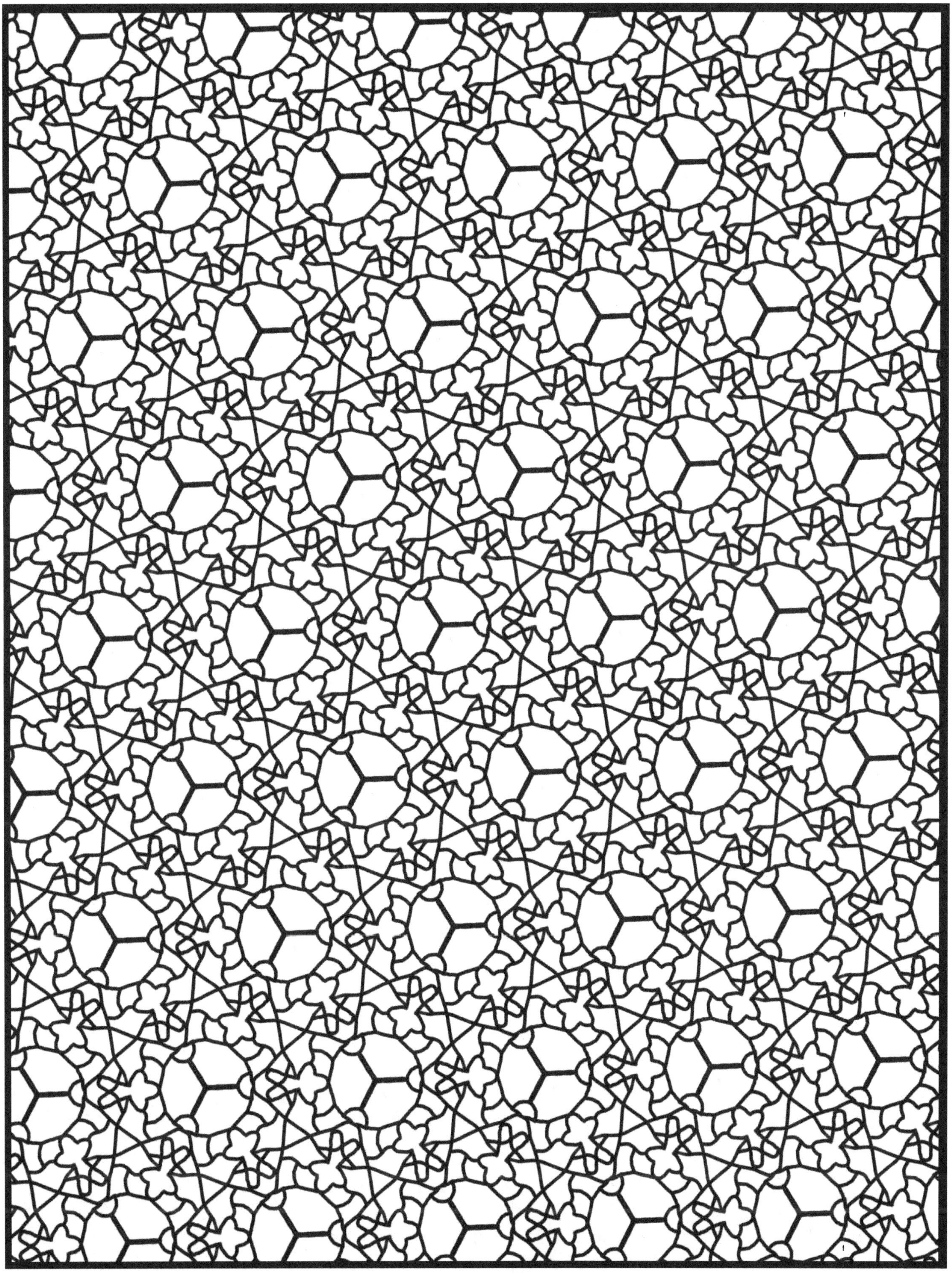

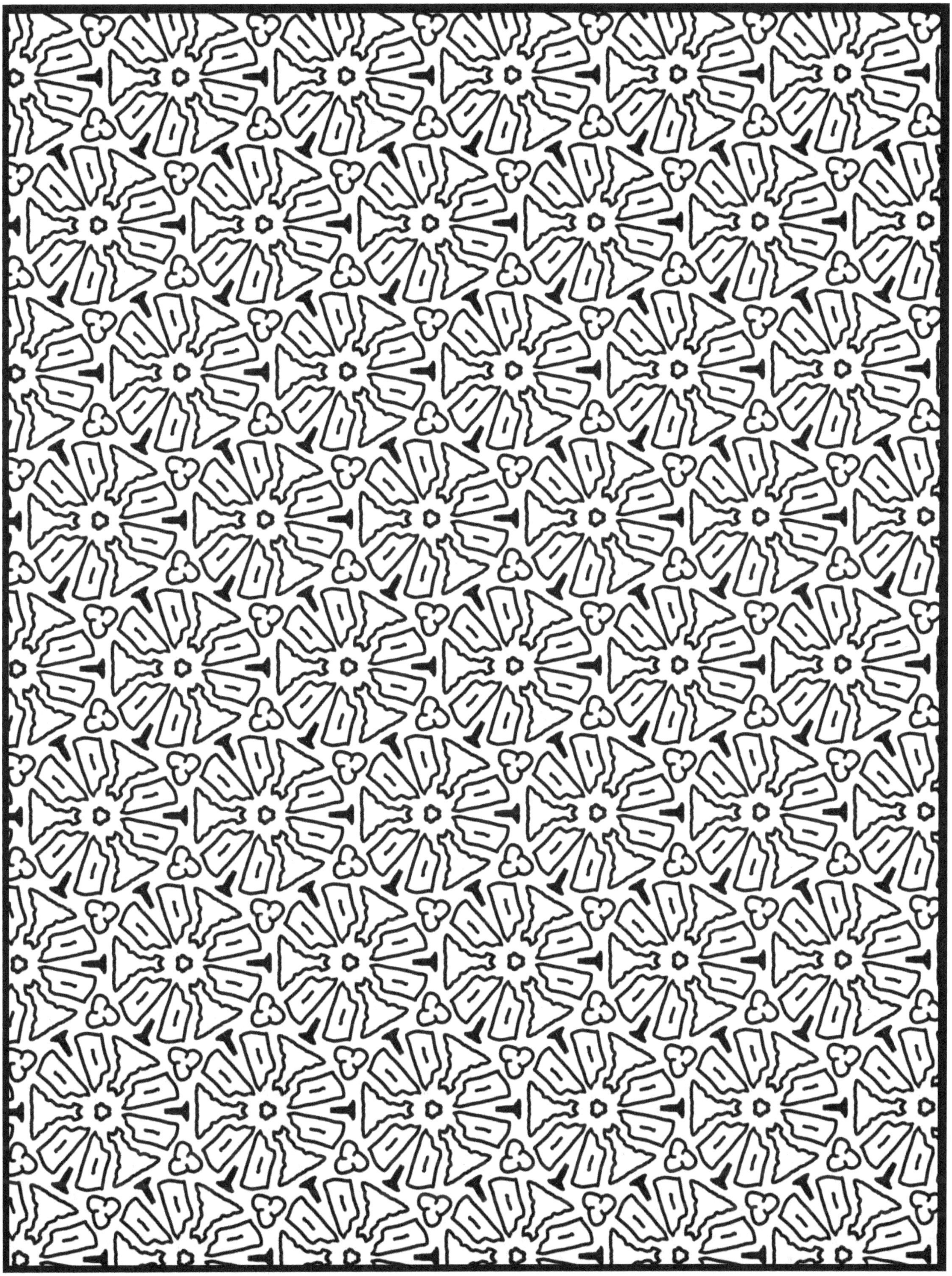

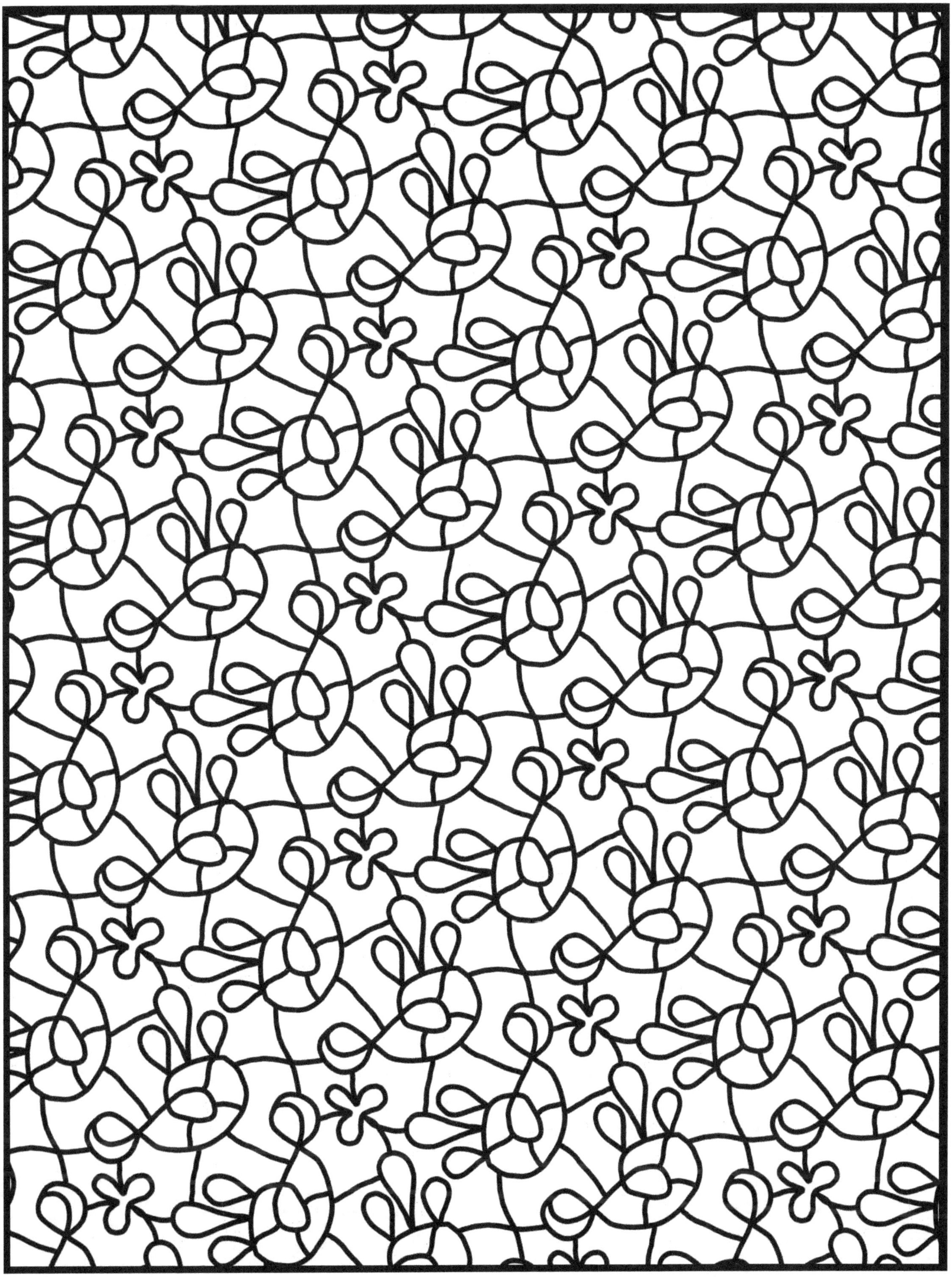

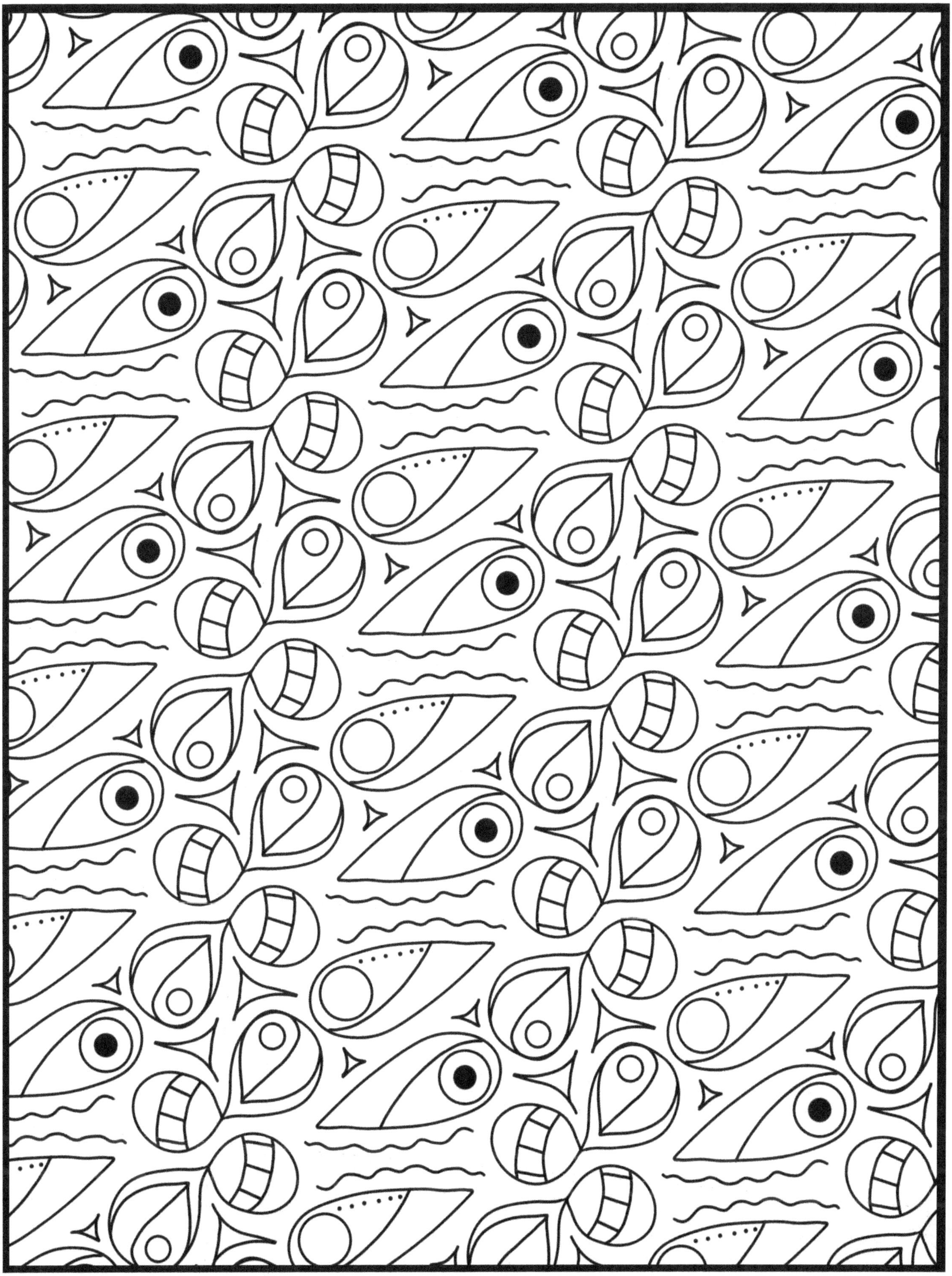

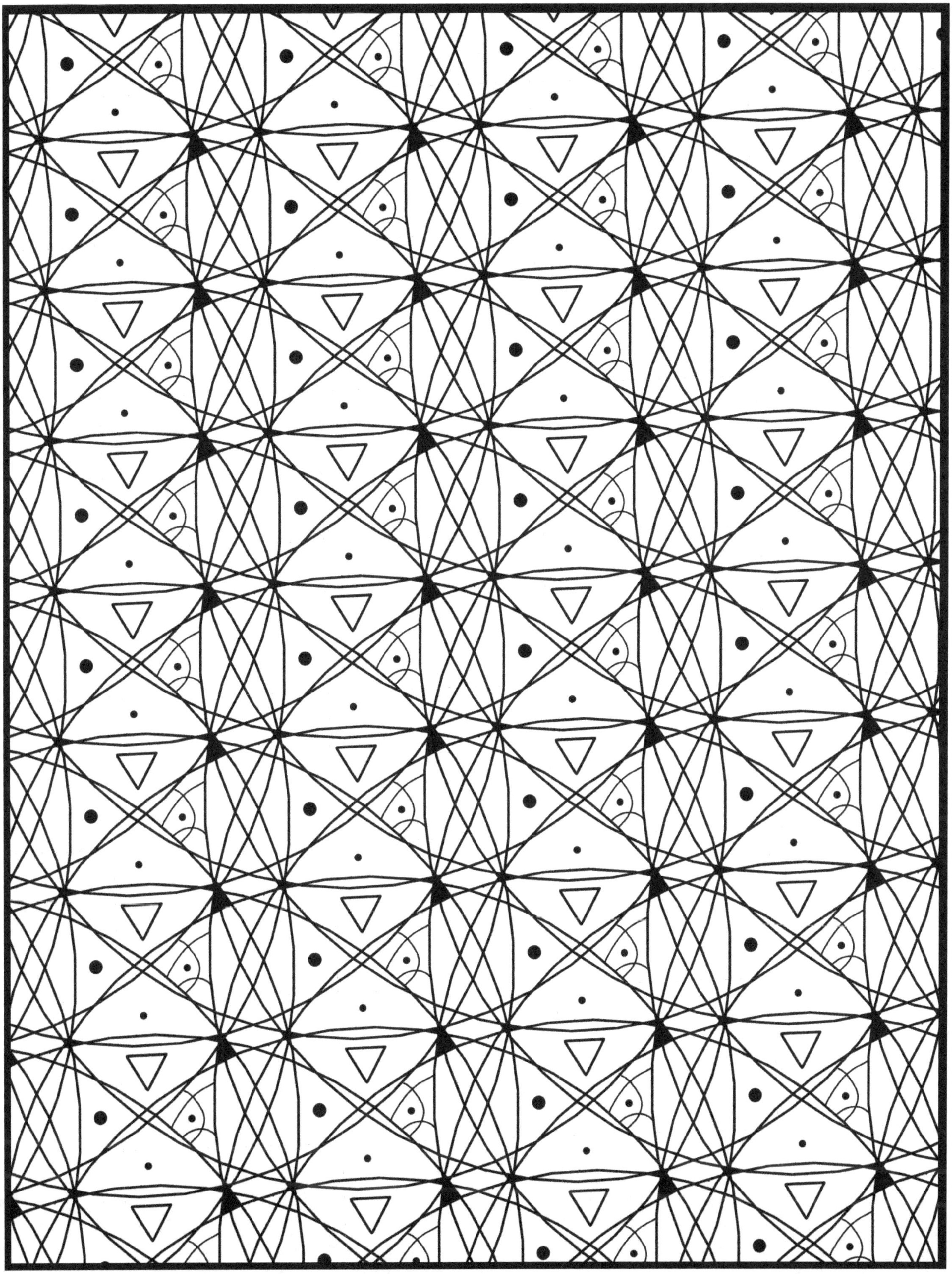

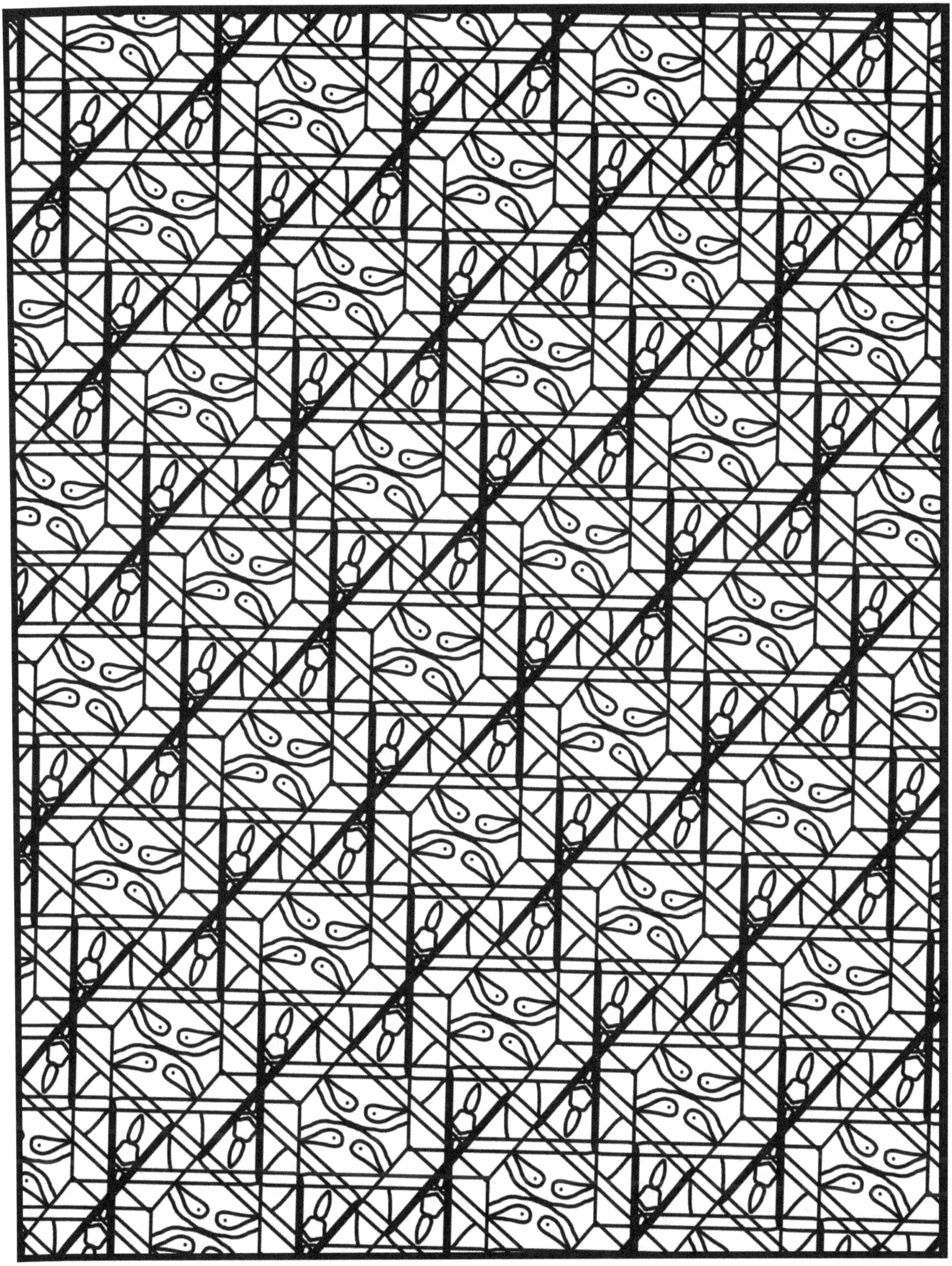

www.ingramcontent.com/pod-product-compliance
Lightning Source LLC
Chambersburg PA
CBHW081531220526
45467CB00010B/3137
* 9 7 9 8 6 9 2 4 0 2 6 0 8 *